UWE F. W. BAUER *ZUHÖRHERZ*

T V Z

UWE F. W. BAUER

ZUHÖRHERZ

Sechzehn Predigten (2002–2009)
mit Meditationen und Bildern von Ursula Wyss

TVZ
Theologischer Verlag Zürich

Bibliografische Informationen der Deutschen Nationalbibliothek
Die Deutsche Nationalbibliothek verzeichnet diese Publikation in der
Deutschen Nationalbibliografie; detaillierte bibliografische Daten
sind im Internet über http://dnb.d-nb.de abrufbar.

Umschlaggestaltung, Satz, Layout
Mario Moths, Marl
Unter Verwendung einer Fotografie von Hans Fischer

Druck
ROSCH BUCH GmbH, Scheßlitz

ISBN 978-3-290-17569-6
© 2010 Theologischer Verlag Zürich
www.tvz-verlag.ch

VORWORT

In den Jahren 2002 bis 2006 hielt ich acht Predigten zu den Glasbildfenstern der Kirche von Hunzenschwil. Die Predigten sind in diesem Buch zusammengestellt und um acht Predigten zum Lukasevangelium aus den Jahren 2002 bis 2009 ergänzt. Vorangestellt sind eine Beschreibung der Kirche und ein Schema der Anordnung der Bildfenster. Ich hoffe, so einen Einblick in die Architektur und künstlerische Ausgestaltung der Kirche zu geben und etwas von der praktischen Verkündigung zu vermitteln, der die Kirche letztlich dient. Die Übersetzungen sind entweder eigene, stammen aus der Zürcher Bibel oder sind Mischformen. Der Gottesname JHWH ist konsequent mit HERR in Kapitälchen wiedergegeben. Wer will, kann in Analogie zum Auswahlmenü der «Bibel in *gerechter* Sprache» einen anderen Gottesnamen lesen. – Uwe F. W. Bauer

In der Reformierten Kirchgemeinde Suhr-Hunzenschwil besteht eine Redaktionskommission, die für das monatlich erscheinende Programmblatt verantwortlich ist. Als deren Mitglied seit 2005 habe ich die Aufgabe übernommen, Kurzmeditationen für die Frontseite zu verfassen. Ab April 2006 sind die meisten der im vorliegenden Buch abgedruckten Meditationen bereits in diesem Publikationsorgan erschienen. Auf beschränktem Platz eine prägnante Aussage zu machen, war für mich stets eine neue Herausforderung. Die Texte sind Versuche, den Leserinnen und Lesern etwas von der befreienden Botschaft des Evangeliums in verdichteter zeitgemässer Sprache zu vermitteln. Die sechs Bilder nehmen Bezug auf die entsprechenden Meditationen. Sie sind mit schwarzer Tusche und weisser Acrylfarbe auf Japanpapier gestaltet. – Ursula Wyss

Wir danken Hans Fischer für die Fotografien, Edgar Kellenberger für die kritische Lektüre, Rudolf Nussbaum für die Korrekturen, der Reformierten Kirchgemeinde Suhr-Hunzenschwil für die nahezu vollständige Übernahme der Druckkosten, dem Theologischen Verlag Zürich für die Aufnahme in sein Programm und Frau Marianne Stauffacher für die Lektorierung.

INHALT

DIE KIRCHE VON HUNZENSCHWIL

Geschichte

Die Kirche von Hunzenschwil wurde in den Jahren 1959/60 erbaut und ist am 11. September 1960 ihrer Bestimmung übergeben worden. Die Planungen hatten bereits 1953 begonnen, Baubeginn war Mai 1959, die Grundsteinlegung erfolgte am 5. Juli 1959. Der Kirchenbau ist zu mehr als einem Drittel durch Spenden ermöglicht worden. So wurden zum Beispiel alle fünf Glocken gestiftet und der Turm ist ein Geschenk der ausführenden Baufirma Zubler. Die Orgel im hinteren Teil der Kirche wurde nachträglich installiert.

Beschreibung

Der Grundstein der Kirche, der sich auf der Rückseite befindet, trägt die Aufschrift: «V • VII • MCMLIX / JESAJA LIV • X» («Denn die Berge werden weichen und die Hügel wanken, meine Gnade aber wird nicht von dir weichen, und mein Friedensbund wird nicht wanken, spricht, der sich deiner erbarmt, der HERR.») In die beiden Eingangstüren links und rechts sind Schafe und Fische geschnitzt. Die Schafe verweisen auf Gott als unseren guten Hirten, die Fische darauf, dass Jesus «Menschen fischt» und will, dass wir als christliche

Gemeinde ebenfalls «Menschen fischen». Auf dem Glockenturm ist ein Hahn angebracht, der an die dreimalige Verleugnung Jesu durch Petrus erinnert und damit die Gemeinde vor Überheblichkeit warnt und zur Selbstkritik auffordert.

Für den Grundriss hat man das herkömmliche Schema des Kirchenschiffes verlassen, ohne gleich zur Form einer Rundkirche überzugehen: Der Grundriss der Kirche von Hunzenschwil entspricht einem Siebeneck. Die Zahl sieben steht in der Bibel für Fülle und Vollkommenheit; zum Beispiel ist der siebte Tag der Woche deren End- und Höhepunkt. Das Innere der Kirche ist durch eine helle Holzbinder-Konstruktion gekennzeichnet, die sternförmig aufsteigt und den Besuchenden ein Gefühl der Geborgenheit vermittelt wie in einem Zelt. Im Zenit der Konstruktion sieht man eine runde mit sieben Schrauben befestigte Metallplatte. Der schlichte Natursteinboden fällt nach vorn leicht ab und lenkt zusammen mit dem Halbrund der Sitzbänke den Blick auf den Abendmahlstisch, an dem auch das Wort verkündet und die Taufe vollzogen wird (eingearbeiteter Taufstein). Beides, das Gefühl der Geborgenheit und die Orientierung der Gemeinde auf das Wort, das Abendmahl und die Taufe hin, sind zu schöner Synthese gebracht. Der kostbarste Schmuck der Kirche sind die farbigen Glasbildfenster. Die Schlichtheit und Schönheit des Raumes, dessen einzelne Elemente eine wohltuende Einheit bilden, lässt die Besuchenden sich als Glieder einer Gemeinschaft fühlen, ausgerichtet auf das, was der Wandspruch bezeugt: HERR IST JESUS CHRISTUS.

DIE GLASBILDFENSTER

Der 1960 in Glas und Beton gestaltet Fensterzyklus von Arnold Zahner aus Rheinfelden ist unter www.ref-suhr-hunzenschwil.ch zu sehen. Der Zyklus beginnt vorn links mit der Schöpfung und endet vorn rechts mit der Auferweckung, die abstrakt und in Lichtgelb als Neuschöpfung verstanden ist. Die übrigen drei Fenster auf der Ostseite setzen in loser Folge Erzählungen des Alten Testaments ins Bild, die übrigen vier der Westseite thematisieren der Chronologie des Lebens Jesu folgend Erzählungen des Neuen Testaments.

I DIE SCHÖPFUNG

Und die Erde war wüst und öde,
und Finsternis lag auf der Urflut,
und der Geist Gottes bewegte sich
über dem Wasser. Genesis 1,2

IX AUFERWECKUNG / LICHT / OSTERN

Erschreckt nicht! Jesus sucht ihr, den Nazarener, den Gekreuzigten. Er ist auferweckt worden, er ist nicht hier. Markus 16,6

VIII DAS LEERE KREUZ

Erschreckt nicht! Jesus sucht ihr, den Nazarener, den Gekreuzigten.
Er ist auferweckt worden, er ist nicht hier. Markus 16,6

VII DIE DORNENKRONE JESU / KARFREITAG

Dann ziehen sie ihm einen Purpurmantel an und setzen ihm eine
Dornenkrone auf, die sie geflochten haben. Markus 15,17

VI DIE SPEISUNG DER FÜNFTAUSEND

Er aber sagt zu ihnen: Wie viele Brote habt ihr? Geht und seht nach! Sie sehen nach
und sagen: Fünf, und zwei Fische. Und er nahm die fünf Brote und die zwei Fische,
blickte auf zum Himmel, sprach den Lobpreis und brach die Brote und gab sie den
Jüngern zum Verteilen, und die zwei Fische teilte er für alle. Markus 6,38.41

V BETLEHEM / DIE GEBURT

Und siehe da: Der Stern, den sie hatten aufgehen sehen, zog vor ihnen her,
bis er über dem Ort stehen blieb, wo das Kind war. Matthäus 2,9

II DER SPROSS AUS DEM STUMPF / DIE HOFFNUNG

Und aus dem Baumstumpf Isais wird ein Schössling hervorgehen, und ein Spross
aus seinen Wurzeln wird Frucht tragen. Und auf ihm
wird der Geist des HERRN *ruhen, der Geist der Weisheit und der Einsicht,*
der Geist des Rates und der Kraft, der Geist des Wissens und
der Furcht des HERRN Jesaja 11,1–2

III DER BRENNENDE DORNBUSCH / DER NAME

Mose aber sagte zu Gott: Wenn ich zu den Israeliten komme und ihnen sage:
Der Gott eurer Vorfahren hat mich zu euch gesandt, und sie sagen zu mir:
Was ist sein Name?, was soll ich ihnen dann sagen? Da sprach Gott zu Mose:
Ich werde sein, der ich sein werde. Exodus 3,13–14a

IV DIE BINDUNG ISAAKS / DER GLAUBE

Er sprach: Strecke deine Hand nicht aus gegen den Knaben,
und tu ihm nichts, denn nun weiss ich, dass du gottesfürchtig bist,
da du mir deinen Sohn, deinen Einzigen,
nicht vorenthalten hast. Genesis 22,12

OSTSEITE DER KIRCHE

WESTSEITE DER KIRCHE

I PREDIGTEN ZU DEN GLASBILDFENSTERN

BILD I UND IX: DIE SCHÖPFUNG

«Und die Erde war wüst und öde, und Finsternis lag auf der Urflut, und der Geist Gottes bewegte sich über dem Wasser.» Genesis 1,2

Lesung: Markus 16,1–8

Genesis 1,1–5 und Apostelgeschichte 9,1–9

Ostern 2006

Liebe Gemeinde,

seit ich Pfarrer in Hunzenschwil bin, habe ich verschiedentlich über Texte gepredigt, die den Glasbildfenstern unserer Kirche zugrunde liegen. Ein Glasbildfenster war bisher noch nicht an der Reihe – das der Schöpfung. Von Ihnen aus gesehen ist es das Fenster vorn links. Man sieht blaues Wasser und darüber ganz oben den Geist Gottes im Symbol der Taube schweben. Unten in der Tiefe des Wassers schwimmen zwei nicht identifizierbare Schlangenwesen – vielleicht die grossen Seetiere, von denen in Genesis 1,21 die Rede ist. Der Fensterzyklus beginnt mit dieser Darstellung der Schöpfung und endet vorn rechts mit dem Fenster der Auferweckung, das abstrakt und in Lichtgelb gestaltet ist.

Schon rein äusserlich beziehen sich die beiden senkrecht konstruierten Fenster vorn links und rechts aufeinander, denn sie reichen beide von der Decke bis zum Boden. Die übrigen horizontalen Fenster auf der Ostseite setzen in loser Folge Erzählungen des Alten Testaments ins Bild, die übrigen der Westseite thematisieren der Chronologie des Lebens Jesu folgend Erzählungen des Neuen Testaments.

Ich möchte heute in meiner Predigt eine Beziehung herstellen zwischen den beiden Fenstern hier vorn. Und zwar mit einem Text aus der Schöpfungsgeschichte in Genesis 1 und einem anderen aus der Apostelgeschichte.

I[1]

Ich beginne mit der Schöpfungsgeschichte. Deren fünf erste Verse lauten in wörtlicher Übersetzung so:

«Als Gott anfing, Himmel und Erde zu schaffen, während die Erde Irrsal und Wirrsal war, wobei Finsternis über der Oberfläche der Flut lag, und ein starker Wind über der Oberfläche des Wassers rüttelte, da sprach Gott: Es werde Licht! Da wurde Licht. Und Gott sah das Licht, dass es gut war. Und Gott schied das Licht von der Finsternis. Und Gott nannte das Licht Tag, und die Finsternis nannte er Nacht.»

Dieser kurze Text klingt ganz einfach, ist in Wirklichkeit jedoch recht kompliziert. Ich greife zwei Aspekte des Textes auf:

Erstens möchte ich betonen: Es geht in der biblischen Schöpfungsgeschichte nicht um Kosmogonie, um eine Theorie über die Entstehung des Weltalls. Die Schöpfungsgeschichte macht vielen Mühe, denn sie verträgt sich angeblich nicht mit einer naturwissenschaftlichen Erklärung dessen, wie alles entstanden ist. Aber nicht darum geht es, wie Gott das ganze Universum geschaffen hat, wie es sich mit dem Urknall verhält, warum es überhaupt irgendetwas gibt. Es geht auch nicht um eine *creatio ex nihilo*, um eine Schöpfung aus dem Nichts, jedenfalls nicht in diesem Text. Als Gott anfängt, Himmel und Erde zu schaffen, gibt es bereits etwas, ist schon Materie vorhanden. Es gibt einen Vorläufer der Erde, eine Art Prototyp. Da herrscht Irrsal und Wirrsal, Finsternis ist über dem Wasser und starker Sturm stürmt. Die uranfängliche Erde ist ein lebensfeindlicher Ort. In diese uranfängliche Wirklichkeit spricht Gott ein Wort: «Es werde Licht! Da wurde es Licht.» Aus dem Licht heraus entstehen Tag und Nacht, Land und Meer usw. Schöpfung im biblischen Sinn heisst, dass Gott aus dem lebensfeindlichen Urchaos einen Ort zum Leben für Pflanzen, Tiere und Menschen bereitet. In der Schöpfung eröffnet Gott sozusagen einen geschützten Raum, trotzt dem Chaos eine Umwelt ab, die Leben ermöglicht.

Ein zweiter Aspekt ist mir in den ersten Versen der Bibel wichtig: Es geht in der biblischen Schöpfungsgeschichte um eine merkwürdige Finsternis und um ein merkwürdiges Licht. Die Finsternis existiert von Anfang an, denn es heisst, dass Finsternis über der Oberfläche der Flut lag. Das Licht schafft Gott durch sein erstes Wort: «Es werde Licht! Da wurde Licht.» Das Licht und die Finsternis sind offensichtlich aber kein natürliches Licht und keine natürliche Finsternis unserer Erfahrungswelt. Licht und Finsternis gibt es auf eine vermischte für uns nicht vorstellbare Weise. Erst als Gott Licht und Finsternis voneinander trennt, entstehen Tag und Nacht, also das Licht und die Finsternis, wie wir sie kennen. Was hat es also mit dieser Finsternis und vor allem mit diesem Licht auf sich? Um diese Frage soll es heute gehen.

II

Ich möchte Sie jetzt zu einer Zeitreise einladen. Stellen Sie sich bitte vor, Sie lebten vor zweieinhalbtausend Jahren in Jerusalem. Eine Katastrophe ist geschehen, die Stadt brennt. Wir schreiben das Jahr 586 v. Chr. Die Babylonier unter König Nebukadnezar haben die Stadt wochenlang belagert, dann erobert und angezündet. Die Führungsschicht der Stadt, zu der Sie selbst gehören, muss die Trümmer Jerusalems und das Land Juda verlassen. Sie werden ins Exil nach Babel am Eufrat verschleppt. Es ist so, wie Psalm 137 sagt: «An den Strömen Babels, da sassen wir und weinten, als wir an Zion dachten.» Hat uns Gott gestraft? Ist unser Gott, der uns damals mit starker Hand aus Ägypten führte, zu schwach geworden, um uns in unserem Land Israel beizustehen. Sind die babylonischen Götter wirklich stärker und sollen wir an sie glauben, an den Gott des Himmels und den der Erde, an den Sonnen- und den Mondgott? Gibt es denn keine Hoffnung in dieser bedrängenden Lage? Wirkt unser Gott, der Gott Israels, in der Fremde nicht mehr? Diese und ähnliche Fragen stellen Sie sich mit den anderen Deportierten an den Strömen Babels, wo Sie sitzen und weinen, wenn Sie an Zion denken.

Da tritt der Prophet Jesaja auf. Und er verkündet eine Botschaft, die Sie aufhorchen lässt. «Das Volk, das in der Finsternis geht, hat ein grosses Licht gesehen, die im Land tiefsten Dunkels leben, über ihnen ist ein Licht aufgestrahlt.» (9,1) «Mache dich auf, werde licht! Denn dein Licht kommt, und die Herrlichkeit des HERRN ist aufgestrahlt über dir. Denn sieh, Finsternis bedeckt die Erde und Wolkendunkel die Völker, über dir aber wird der HERR aufstrahlen, und seine Herrlichkeit wird erscheinen über dir. Und Nationen werden zu deinem Licht gehen und Könige zu deinem strahlenden Lichtglanz.» (60,1–3) Es geht um den Aufgang, Ihren Aufgang von den Strömen Babels zurück nach Jerusalem. Ein zweiter Auszug, wie der Auszug aus Ägypten. Das Exil geht zu Ende. Gott kommt im Licht. Und nun hören Sie bitte die ersten Verse der Schöpfungsgeschichte noch einmal, die etwa zur gleichen Zeit aufgeschrieben und verkündigt worden sind. «Als Gott anfing, Himmel und Erde zu schaffen, während die Erde Irrsal und Wirrsal war, wobei Finsternis über der Oberfläche der Flut lag, und ein starker Wind über der Oberfläche des Wassers rüttelte, da sprach Gott: Es werde Licht! Da wurde Licht.» Finsternis und Licht klingen jetzt ganz anders. In der Finsternis des babylonischen Exils wird es Licht. Schöpfung ist Befreiung. Der Gott Israels ist da, auch in Babel. Dieser Gott hat allen Lebensraum für Menschen geschaffen, nicht der babylonische Gott des Himmels und der der Erde oder der Sonnengott und der Mondgott. Unser Gott hat uns nicht vergessen. Gott sprach: «Es werde Licht!» Und weil Gottes Sprechen immer ein Ansprechen ist, wurde es Licht – Licht bei uns im Exil. Und es kam zu einer Götterdämmerung. Die Götter Babylons entpuppten sich als Nichtse. Aus ist es mit ihnen und aus ist es mit ganz Babylon. Der Perser Kyros schickt sich an, dem babylonischen Spuk ein Ende zu bereiten. Dann ziehen wir aus und heim. Und dann singen wir den 126. Psalm: «Als der HERR wandte Zions Geschick, waren wir wie Träumende. Dann war unser Mund voll Lachen und unsere Zunge voll Jubel.»

Liebe Gemeinde, zum Jubeln haben auch wir in Hunzenschwil heute an Ostern Anlass. Erstens sind die Götter entlarvt – bis heute. Astrologie und Horoskope, moderne Formen des alten Heidentums, brauchen uns nicht zu interessieren. Bestimmte Konstellationen von Mars und Venus haben keinen Einfluss auf unser Leben. Unser Gott hat Himmel und Erde zu einem Raum des Lebens für Mensch und Tier bereitet – er allein. Daneben gibt es keine Mächte und Gewalten, vor denen wir uns zu ängstigen hätten oder denen wir ausgeliefert wären. Und zweitens hat es auch für uns einen Auszug gegeben. Ähnlich dem Auszug Israels aus dem babylonischen Exil. Von diesem Auszug ist im Lukasevangelium die Rede (9,30f). Jesus stieg mit drei seiner Jünger auf einen Berg. Er fing an zu beten und sein Angesicht und sein Gewand wurden weiss, strahlend weiss. Plötzlich sind zwei Männer da, «die mit ihm redeten; es waren Mose und Elija. Sie erschienen im Lichtglanz, und sie sprachen von seinem Auszug, der sich in Jerusalem erfüllen sollte.» Jesu Auszug, eine Formulierung, die es nur an dieser Stelle gibt. Jesu Auszug, der sich in Jerusalem erfüllen wird. Jesu ganzer Weg, seine Verkündigung vom Kommen des Reiches Gottes, sein Sterben, sein Tod, seine Auferweckung – ein Auszug uns zugute. Das heisst Ostern, Jesu Auszug in Jerusalem. Ein Auszug, an dem wir im Glauben Anteil nehmen und dessen wir uns im Abendmahl zeichenhaft versichern.

III

Nehmen wir nun das Glasbildfenster hier vorn rechts etwas genauer in den Blick. Es ist wie gesagt ganz abstrakt in Lichtgelb gestaltet. Vor dem Hintergrund des violetten, leeren Kreuzes, das am Boden liegt, drückte der Künstler Arnold Zahner auf diese Weise die Auferweckung Jesu aus. Vielleicht möchte Zahner sagen, dass Jesus Licht geworden ist oder in den Lichtglanz Gottes einging. Dass der Auferweckte eine Lichtgestalt ist oder im Licht erscheint, hören wir jedenfalls in der Berufungsgeschichte des Saulus, der zu diesem Zeitpunkt noch nicht Paulus heisst. Der Text steht in Apostelgeschichte 9,1–9.

«Saulus aber schnaubte noch immer Drohung und Mord gegen die Jünger des Herrn. Er ging zum Hohen Priester und bat ihn um Briefe an die Synagogen in Damaskus, dass er, wenn er Anhänger dieses neuen Weges dort finde – Männer und auch Frauen –, sie gefesselt nach Jerusalem bringen solle. Als er unterwegs war, geschah es, dass er in die Nähe von Damaskus kam, und plötzlich umstrahlte ihn ein Licht vom Himmel; er stürzte zu Boden und hörte eine Stimme zu ihm sagen: Saul, Saul, was verfolgst du mich? Er aber sprach: Wer bist du, Herr? Und er antwortete: Ich bin Jesus, den du verfolgst. Doch steh auf und

geh in die Stadt, und es wird dir gesagt werden, was du tun sollst. Die Männer aber, die mit ihm unterwegs waren, standen sprachlos da; sie hörten zwar die Stimme, sahen aber niemanden. Da erhob sich Saulus vom Boden; doch als er die Augen öffnete, konnte er nicht mehr sehen. Sie mussten ihn bei der Hand nehmen und führten ihn nach Damaskus. Und drei Tage lang konnte er nicht sehen, und er ass nicht und trank nicht.»

Wieder ist es ein merkwürdiges Licht, das dem Saulus und späteren Apostel Paulus erscheint. Es ist zum einen ein Licht, das Saulus blendet, und zwar für drei Tage. Es ist also ein sehr intensives Licht. Und es ist andererseits ein Licht, das seine Begleiter nicht sehen können. Sozusagen ein unsichtbares Licht. Wie das noch nicht wahrnehmbare Licht vom Anfang der Schöpfung, das nur vermischt mit der Finsternis existierte. Dass der Auferweckte Jesus Saulus im Licht umstrahlt, ihn auf diese Weise durch das Licht anspricht, lässt an die Schöpfung denken. In der Schöpfungserzählung spricht Gott Israel an. Bei der Berufungsgeschichte spricht der auferweckte Jesus Saulus an. Für Israel im Exil wurde es licht und aus Saulus wird durch die Anrede Jesu im Licht ein verwandelter, ein befreiter, ein neuer Mensch.

Wichtig ist nun auch, dass nur Saulus selbst das Licht sehen kann und nicht seine Begleiter. Im Licht offenbart sich Jesus jedem Menschen individuell. Wenn dir in der Begegnung mit Jesus ein Licht aufgeht, dann nur dir allein. Und wenn du in die Nachfolge berufen wirst, dann auf deine Weise. Wenn es bei dir licht wird, wenn du Licht wirst, dann so, wie es dir entspricht. Das vollzieht sich in der Regel weit weniger spektakulär als bei Saulus. Aber es geht um dasselbe: Ostern heisst, vom auferweckten Jesus angesprochen zu werden, im Licht Jesu ein verwandelter, ein befreiter, ein neuer Mensch werden. «Mache dich auf, werde licht! Denn dein Licht kommt» (Jesaja 60,1) – «heute, wenn ihr auf seine Stimme hört» (Psalm 95,7). Amen.

---

1 Teil I und II nach einer Idee von F. W. Marquardt, *Eia, wärn wir da – eine theologische Utopie*, Gütersloh, 1997, 307ff.

LICHT IM DUNKEL

«In deinem Licht schauen wir das Licht.»   Psalm 36,10

wenn lange Nacht nicht enden will
und spät das Dunkel weicht
        ersehnen wir das Licht
wenn Wolkengrau die Sicht verhüllt
und schwer der Nebel drückt
        sucht unser Auge Licht
wenn Dämmerung den trüben Tag
drängt in die frühe Nacht
        bleibt Hoffnung auf das Licht

wenn Leere gähnt
und Angst uns lähmt
        was bringt ins Dunkel Licht
wenn Schuld uns quält
und Zweifel nagt
        wer weist uns hin zum Licht
wenn Krankheit zehrt
der Tod uns schreckt
        wie finden wir das Licht

wenn Licht aus Gott aufstrahlt wird Licht

        im hellen Glanz des Osterlichts
        erkennen wir das wahre Licht
        verborgen und doch offenbar
        den Suchenden geschenkt
        sein Schein führt uns durch Dunkelheit
        zur Fülle ganz im Licht

November 2006

BILD II: DER SPROSS AUS DEM STUMPF

«Und aus dem Baumstumpf Isais wird ein Schössling hervorgehen,
und ein Spross aus seinen Wurzeln wird Frucht tragen.
Und auf ihm wird der Geist des HERRN ruhen,
der Geist der Weisheit und der Einsicht,
der Geist des Rates und der Kraft,
der Geist des Wissens und der Furcht des HERRN.»   *Jesaja 11,1–2*

Lesung: Jesaja 11,1–10
Lesung: Johannes 1,1–5.9–14

«Es ist ein Ros entsprungen»   *Heiligabend 2002*

Liebe Gemeinde,

das Lied, das wir gerade gesungen haben, hat Ähnlichkeit mit dem Lied «Es kommt ein Schiff geladen». Die Ähnlichkeit besteht nicht nur in den ungewöhnlichen Vergleichen und rätselhaften Andeutungen, sondern auch darin, dass beide Lieder ursprünglich Marienlieder sind. «Es ist ein Ros entsprungen / aus einer Wurzel zart, / wie uns die Alten sungen, / von Jesse kam die Art, / und hat ein Blümlein bracht / mitten im kalten Winter / wohl zu der halben Nacht.»

Diese erste Strophe enthält drei Bilder. Der Dichter verwendet zunächst das Bild eines Rosenstrauchs oder Rosenstocks. Der Rosenstrauch oder Rosenstock, der entsprungen ist, bedeutet Maria. Die Rose ist für den mittelalterlichen Menschen das Symbol der himmlischen Fülle und Vollkommenheit. Das zweite Bild ist das einer zarten, d. h. wertvollen Wurzel. Maria, die Rose, ist aus einer wertvollen Wurzel hervorgegangen. Diese wertvolle Wurzel meint das Geschlecht Jesses oder wie wir heute sagen Isais. Isai ist der Vater von König David. Damit soll ausgedrückt werden, dass Maria in der Geschlechtsfolge der heilbringenden Könige Israels steht. Das dritte Bild ist das vom Blümlein. Der Rosenstrauch bringt eine Blüte hervor. Das meint, dass Maria Jesus gebiert. Dieses Gebären geschieht in der Mitte des kalten Winters und in der Mitte der

Nacht, also dann, wenn die Dunkelheit am dunkelsten und die Kälte am kältesten ist. Trotz der dunkelsten Dunkelheit und trotz der kältesten Kälte keimt in der Geburt von Jesus Hoffnung auf. Trotzdem, darauf kommt es an.

Vor kurzem fand in Basel ein Kongress mit dem Thema Gott statt. Daran nahm eine Kubanerin teil. Sie charakterisierte den Glauben der Christen auf Kuba mit dem Wort *nevertheless* – trotzdem. *Nevertheless* – trotzdem. Wenn der Staat versucht, die Kirche systematisch zu zerstören: *nevertheless* – trotzdem am Glauben an Jesus festhalten, der die Gebeugten aufrichtet. Wenn die Zahl der Kirchenaustritte die der Zuzüge übersteigt wie in unserer Gemeinde Suhr-Hunzenschwil: *nevertheless* – trotzdem bekennen, dass sich in dem Namen Jesu jedes Knie beugen wird, der Himmlischen und Irdischen und Unterirdischen. Wenn die Konfirmanden und Konfirmandinnen nur wegen der Geschenke konfirmiert werden wollen: *nevertheless* – trotzdem darauf vertrauen, dass Gott auch für sie einen Weg weiss. Wenn Krieg droht und die Arbeitslosigkeit zunimmt: *nevertheless* – trotzdem der Verheissung trauen, dass Gerechtigkeit und Frieden sich küssen werden. Wenn plötzlich eine schwere Krankheit das Leben radikal verändert: *nevertheless* – trotzdem damit rechnen, dass Gott gerade im Leiden nahe ist. Wenn der Tod in unser Leben tritt: *nevertheless* – trotzdem glauben, dass nicht der Tod, sondern das Leben siegen wird. *Nevertheless* – trotzdem.

Die zweite Strophe unseres Lieds spricht aus, was die erste nur in Bildern angedeutet hat. «Das Röslein, das ich meine, / davon Jesaja sagt, / ist Maria, die reine, / die uns das Blümlein bracht. / Aus Gottes ewgem Rat / hat sie ein Kind geboren, / welches uns selig macht.»

Jetzt setzt der Dichter ausdrücklich das Reis aus der Prophetie Jesajas und das Röslein Maria, die reine, in Beziehung. Das tut er, weil in Latein, der Sprache des Mittelalters, Reis, *virga*, und Jungfrau, *virgo*, ganz ähnlich klingen. Maria, die reine, bringt Jesus, das Blümlein, hervor. Die letzten drei Zeilen der zweiten Strophe verlassen die Bildsprache und gehen zu theologischer Begrifflichkeit über. «Aus Gottes ewgem Rat / hat sie ein Kind geboren, / welches uns selig macht.» Jedoch nicht ganz, denn der einzige weder bildliche noch theologische Satzteil der ersten beiden Strophen ist der von der Geburt des Kindes. «Hat sie ein Kind geboren.» Das ist der materielle, handfeste Aspekt von Weihnachten. Ein Kind ist geboren. Theologisch gesprochen: Gott wird in der Gestalt des Sohnes Mensch. Als Kind, klein und unbedeutend, hilflos und schwach, geht der Sohn Gottes in die irdische Wirklichkeit ein. Und er verwandelt sie, denn er ist nicht Kind geblieben: Er wird der Freund der Aussenseiter, der Helfer der Kranken, der Verkündiger der Bergpredigt und der leidende Gerechte, der mit seinem Leben für seine Botschaft einsteht.

Wer die beiden ersten Strophen des Lieds gedichtet hat, ist unbekannt. Sicher ist hingegen, dass sie aus meiner Heimat stammen. Zwischen 1582 und 1588 wurden die Strophen von dem Mönch Conradus in Trier zum ersten Mal aufgeschrieben. Von Trier und Mainz aus, wo Conradus später wirkte, verbreitete sich das Lied in Deutschland, vor allem westlich des Rheins. Bald wurden weitere Strophen hinzugefügt, so dass das Lied bis auf dreiundzwanzig Strophen anwuchs. Nicht diese mittelalterliche Erweiterung, sondern die dritte und vierte Strophe, die der oberfränkische Pfarrer Friedrich Layritz 1844 dichtete, haben sich schliesslich durchgesetzt.

«Das Blümelein so kleine, / das duftet uns so süss, / mit seinem hellen Scheine / vertreibt's die Finsternis, / wahr' Mensch und wahrer Gott, / hilft uns aus allem Leide, / rettet von Sünd und Tod.» Die ersten vier Zeilen bleiben noch ganz im Bild. Jesus, das Blümelein, duftet süss und macht unsere Nacht hell. Die letzten drei Zeilen sind theologisch sehr geladen. Mit dem Lehrsatz, dass Jesus zugleich wahrer Gott und wahrer Mensch sei, setzen die letzten Zeilen ein. Weiter geht es damit, dass Jesus aus allem Leide, von aller Sünde und vom Tod errettet. Damit kommt bereits eine Perspektive in den Blick, die über unsere irdische Wirklichkeit hinausführt.

Die vierte Strophe, die sich in unserem Reformierten Gesangbuch nicht findet, lautet so: «O Jesus, bis zum Scheiden / aus diesem Jammertal / lass dein Hilf uns geleiten / hin in den Freudensaal, /

in deines Vaters Reich, / da wir dich ewig loben; / o Gott, uns das verleih.» Von einer Beschreibung des Weihnachtsereignisses in den ersten drei Strophen wechselt das Lied nun in eine intensive Gebetssprache. O Jesus, o Gott. Sozusagen Weihnachten rückwärts, denn jetzt geht es nicht mehr darum, dass Gott in seinem Sohn Mensch wurde, sondern dass der Sohn uns zurück zu Gott geleitet. Die in Aussicht gestellte Perspektive ist die des freien Dort-Seins bei Gott. So sind wir als Christen verrückt. Ver-rückt im wörtlichsten Sinn. Und weil wir ver-rückt sind und unsere Perspektive das kommende Reich Gottes ist, sagen wir in dieser Glaubensgewissheit erst recht: *nevertheless* – trotzdem. Als Christen sind wir verrückt genug, die Welt seit der Geburt Jesu, des Sohnes, mit anderen Augen zu sehen. Auch wenn die Nacht dunkel ist und unser Leben verzweifelt sein sollte: *nevertheless* – trotzdem. Denn in der Geburt Jesus, des Sohnes, wurde es für uns bereits Licht. Und deshalb stimmen wir in den Lobpreis ein, mit dem das mittelalterliche Lied mit seinen dreiundzwanzig Strophen endet, und nehmen das ewige Loben vorweg, zu dem uns Friedrich Layritz in seiner vierten Strophe auffordert: «Lob, Ehr sei Gott, dem Vater / dem Sohn und Heilgen Geist. / So singen wir all Amen, / das heisst: nun werd es wahr.» Amen.

HARMLOSER GOTT?

machen wir es uns zu leicht
packen das lächelnde Jesuskind
ein in Windeln
legen es in eine Krippe
schwach klein ungefährlich
ein niedlicher Gott

oder bricht in diese Welt
eine neue Ordnung ein
jenseits von Idylle
will Gott wahrhaftig
wohnen unter uns
erniedrigt hilflos als ein Kind

wird hier in Schwachheit
Stärke wahr
die in der Liebe wurzelt
ahnt man in den Palästen
dass irdische Macht
schon wankt

ist Gott gefährlich nah im Kind
und rettend da zugleich
wird er sich liebend öffnen dem
der sich ihm beugt und glaubt
wird Frieden und Gerechtigkeit
wenn wir ihm Krippe sind

Dezember 2006

BILD III: DER BRENNENDE DORNBUSCH

«Mose aber sagte zu Gott:
Wenn ich zu den Israeliten komme und ihnen sage:
Der Gott eurer Vorfahren hat mich zu euch gesandt,
und sie sagen zu mir:
Was ist sein Name?,
was soll ich ihnen dann sagen?
Da sprach Gott zu Mose:
Ich werde sein, der ich sein werde.»   Exodus 3,13–14a

Lesung: Psalm 96

Exodus 3,1–15   *Herbst 2002*

Liebe Gemeinde,
der heutige recht lange Predigttext aus Exodus 3,1–15 lässt sich gut
in drei Teile gliedern. Dementsprechend möchte ich diese drei Teile nacheinander auslegen. Der erste Teil schildert die Begegnung
von Mose und Gott am Dornbusch, der zweite Teil schildert die
Beauftragung des Mose und der dritte Teil die Offenbarung des
Namens Gottes. Ich lese zunächst die Verse 1–6:

«Und Mose weidete die Schafe seines Schwiegervaters Jitro, des Priesters
von Midian. Und er trieb die Schafe über die Wüste hinaus und kam
an den Gottesberg, den Choreb. Da erschien ihm der Bote des HERRN *in*
einer Feuerflamme mitten aus dem Dornbusch. Und er sah hin, und
sieh, der Dornbusch stand in Flammen, aber der Dornbusch wurde
nicht verzehrt. Da dachte Mose: Ich will hingehen und diese grosse
Erscheinung ansehen. Warum verbrennt der Dornbusch nicht? Und
der HERR *sah, dass er kam, um zu schauen. Und Gott rief ihn aus dem*
Dornbusch und sprach: Mose, Mose! Und er sprach: Hier bin ich. Und
er sprach: Komm nicht näher. Nimm deine Sandalen von den Füssen,
denn der Ort, wo du stehst, ist heiliger Boden. Dann sprach er: Ich bin
der Gott deines Vaters, der Gott Abrahams, der Gott Isaaks und der
Gott Jakobs. Da verhüllte Mose sein Angesicht, denn er fürchtete sich,
zu Gott hin zu blicken.»

Soweit Teil I des Predigttextes. Möglicherweise stellen Sie sich die Frage, wie ein Dornbusch brennen kann, ohne zu verbrennen. Dieses Brennen, ohne zu verbrennen, scheint das Spektakuläre des Textes zu sein. Zugegeben, dieses Wunder erregt unsere Aufmerksamkeit. Trotzdem denke ich, dass dieses offensichtliche Wunder ein anderes Wunder überdeckt, das sich bei genauerem Hinsehen als das eigentliche Wunder herausstellt. Gott offenbart sich nämlich nicht in einer Zeder, einer Eiche, einer Rose oder einer Lilie, sondern im Dornbusch. Der Dornbusch ist so ungefähr die unnützeste und hässlichste Pflanze, die man sich vorstellen kann. Genau diese Pflanze erwählt sich aber Gott, um Mose zu begegnen. Symbolisch drückt der Text damit einen Wesenszug des HERRN, unseres Gottes, aus. Unser Gott ist nicht ein Gott der Mächtigen und Eleganten. Unser Gott ist vielmehr ein Gott, der den Schwachen und Leidenden nahe sein will. Ich denke an einen Mann aus unserer Gemeinde auf der Krebsstation im Kantonsspital oder die alte Frau, deren Lebenspartner wir vorletzte Woche beisetzen mussten.

Gerade solchen Menschen will Gott in ihrer Bedrängnis beistehen. Gott begegnet uns folglich vor allem unten in der Niedrigkeit. Mehr noch, Gott erniedrigt sich selbst, indem er mit Mose aus dem Dornbusch spricht. Diesen Gedanken der Selbsterniedrigung Gottes drückt auch die Architektur unserer Hunzenschwiler Kirche aus. Häufig finden sich in reformierten Kirchen hohe Kanzeln. Das Wort Gottes erschallt sozusagen von oben herab. Nicht so in Hunzenschwil. Hier begibt sich das Wort Gottes in die Niedrigkeit. Der Prediger steht niedriger als die Gemeinde sitzt. Das Wort Gottes, das natürlich erst der Heilige Geist zu einem solchen macht, klingt von unten.

Dass der Gott, dem wir vertrauen, vor allem auf alles Niedrige achtet, drückt sich auch im zweiten Teil unseres Predigttextes aus. Ich lese nun die Verse 7–12, die von der Beauftragung des Mose handeln:

«*Und der HERR sprach: Gesehen habe ich, gesehen das Elend meines Volkes, und ihr Schreien über ihre Antreiber habe ich gehört, ich kenne seine*

*Schmerzen. So bin ich herabgestiegen, um es aus der Hand Ägyptens zu
erretten und aus jenem Land hinaufzuführen in ein schönes und weites
Land, in ein Land, wo Milch und Honig fliessen, in das Gebiet der
Kanaaniter und der Hetiter und der Amoriter und der Perissiter und der
Chiwwiter und der Jebusiter. Sieh, das Schreien der Israeliten ist zu mir
gedrungen, und ich habe auch gesehen, wie die Ägypter sie quälen. Und
nun geh, ich sende dich zum Pharao. Führe mein Volk, die Israeliten,
heraus aus Ägypten. Mose aber sagte zu Gott: Wer bin ich, dass ich zum
Pharao gehen und die Israeliten aus Ägypten herausführen könnte? Da
sprach er: Ich werde mit dir sein, und dies sei dir das Zeichen, dass ich
dich gesandt habe: Wenn du das Volk aus Ägypten herausgeführt hast,
werdet ihr an diesem Berg Gott dienen.»*

Gott sieht, hört und erkennt das Elend, das Geschrei und die
Schmerzen seines Volkes. Gleich zu Beginn der Rede Gottes heisst
es, sprachlich hervorgehoben: «Gesehen habe ich, gesehen das Elend
meines Volkes.» Unser Gott ist ein Gott, der die Leiden seines Volkes sieht. Zugleich wird deutlich: Das Volk Gottes ist nicht ein Volk
mit prachtvollen Palästen, starker Armee und unermesslichen
Reichtümern. Nein, Israel, das Volk Gottes, ist ein Volk im Elend
und in der Pein der ägyptischen Unterdrückung. Wieder zeigt sich,
dass unser Gott vor allem auf niedrige oder erniedrigte Menschen
blickt.

Derselbe Gedanke zeigt sich auch bei der Beauftragung des Mose.
Gott schickt Mose, um das Volk Israel aus der Unterdrückung her-
auszuführen. Zu Recht erhebt Mose Einspruch: «Wer bin ich, dass
ich zum Pharao gehe und die Israeliten aus Ägypten herausführen
könnte!» Zu Recht deshalb, weil Mose tatsächlich für eine solche
Aufgabe ungeeignet zu sein scheint. Schliesslich ist Mose am ägyptischen Hof aufgewachsen. Weshalb sollte ausgerechnet er sich jetzt
gegen die Ägypter wenden. Zudem hat Mose eine Midianiterin und
nicht eine Israelitin geheiratet. Dies deutet nicht auf eine besonders
innige Beziehung zu seinen Volksgenossen hin. Ausserdem hat Mose
in seiner Wut einen ägyptischen Aufseher erschlagen, der einen hebräischen Zwangsarbeiter quälte. Mose ist ein Totschläger. Sollte

ein Totschläger die richtigen Voraussetzungen mitbringen, um Israel aus der ägyptischen Sklaverei zu befreien und dem Dienst an Gottes Geboten zuzuführen? Aus menschlicher Sicht erscheint die Beauftragung des Mose zweifelhaft.

Aber eben nicht aus der Perspektive Gottes. Mit Mose erwählt Gott gerade einen Menschen, der anscheinend die richtigen Voraussetzungen nicht mitbringt. Gerade der jähzornige und im Leiden unerfahrene Mose soll das grosse Befreiungswerk vollbringen. Damit durchkreuzt Gottes Erwählung unsere menschliche Vorstellung. Gott erwählt gerade den, der aus menschlicher Sicht völlig ungeeignet zu sein scheint.

Vielleicht ist es Ihnen schon einmal ähnlich ergangen wie Mose. Sie sahen plötzlich eine wichtige Aufgabe vor sich. Sie spürten, dass es notwendig war einzugreifen. Sie hatten den Eindruck, hier müsse unbedingt etwas getan werden. Aber dann sagten Sie sich, dass es für das Problem doch sicher kompetentere Menschen gibt. Ein Psychologe könnte eine Therapie beginnen, ein Pfarrer könnte einen Besuch machen, ein Arzt wüsste sicher die richtige Medizin. Die Berufung des Mose zeigt, dass der äussere Schein nicht ausschlaggebend ist. Von Gott beauftragt und berufen, kann ein Mensch wie du und ich sein. Ein Mensch, von dem andere es nicht denken und der es auch von sich selbst nicht denkt. Gott jedoch erwählt nach seiner Weisheit und nicht nach unserer Einsicht. Gott ist eben ganz anders. Ganz anders, als wir uns ihn oder sie vorstellen.

Wer und wie Gott ist, zeigt der dritte Teil unseres Textes, der von der Offenbarung des Namens Gottes handelt. Ich lese die Verse 13–15:

«Mose aber sagte zu Gott: Wenn ich zu den Israeliten komme und ihnen sage: Der Gott eurer Vorfahren hat mich zu euch gesandt, und sie sagen zu mir: Was ist sein Name?, was soll ich ihnen dann sagen? Da sprach Gott zu Mose: Ich werde da sein, der ich da sein werde. Und er sprach: So sollst du zu den Israeliten sprechen: Ich-werde-da-sein hat mich zu euch gesandt. Und weiter sprach Gott zu Mose: So sollst du zu den Israeliten sprechen: Der HERR, der Gott eurer Vorfahren, der Gott

Abrahams, der Gott Isaaks und der Gott Jakobs, hat mich zu euch gesandt. Das ist mein Name für immer, und so soll man mich anrufen von Generation zu Generation.»

Auch in diesen Versen zeigt sich nochmals die Selbsterniedrigung Gottes. Um Ihnen zu verdeutlichen, was ich meine, möchte ich Sie an das Märchen von Rumpelstilzchen erinnern. Rumpelstilzchen hat Macht über die Königstochter. Rumpelstilzchens Macht liegt darin begründet, dass die Königstochter Rumpelstilzchens Namen nicht weiss. «Gott sei Dank, dass niemand weiss, dass ich Rumpelstilzchen heiss.» Als die Königstochter aber den Namen Rumpelstilzchens erfährt, ist es mit dessen Macht vorbei. Der Bann ist gebrochen. Die Erde tut sich einen Spalt weit auf und Rumpelstilzchen versinkt. Dieses Märchen ist sehr tiefgründig, weil es die Macht des Namens zeigt.

Die Macht des Namens zeigt sich auch in der Schöpfungsgeschichte. Adam, der Mensch, wird von Gott beauftragt, alle Tiere und Vögel zu benennen. Die Namenshoheit des Menschen drückt dessen Herrschaft über die Tiere und Vögel aus. Die Macht des Namens kennt jeder und jede von Ihnen auch aus der alltäglichen Kommunikation. Kenne ich den Namen einer Person nicht, ist die Person für mich irgendwie unverfügbar. Nennt mir die Person ihren Namen, wird sie für mich in Anführungszeichen verfügbar.

Ähnlich verhält es sich mit dem Namen Gottes. Gott stellt sich uns vor und begibt sich damit ein Stück weit in unsere Hand. Indem Gott uns seinen Namen verrät, erniedrigt er sich selbst. Er verbleibt nicht in den himmlischen Sphären der göttlichen Unverfügbarkeit. Unser Gott ist keine anonyme Macht, deren Willkür wir ausgeliefert wären; kein blindes Schicksal, das über uns hereinbricht. Unser Gott gibt uns seinen Namen und damit sich selbst preis. «Ich werde da sein, als der ich da sein werde.» Trotzdem hat diese Namenspreisgabe einen Haken. Zwar gibt uns Gott seinen Namen preis, aber zugleich verbirgt er sich auch wieder in seinem Namen. «Ich werde da sein, als der ich da sein werde.» So genau wissen wir nun doch nicht, wer Gott ist. Gottes ungewöhnlicher Name lässt doch wieder einiges offen. Genau betrachtet, kann es auch nicht anders sein. Gott bliebe nicht Gott, wenn er uns wirklich ganz verfügbar würde. Auch das Neue Testament hat an einer Unterscheidung zwischen Gott und Jesus Christus, dem Erwählten, in dem sich Gott zu erkennen gibt, festgehalten. «Ich werde da sein, als der ich da sein werde.»

Was ist nun der Inhalt dieses Namens, soweit er uns erkennbar ist. – In seinem Namen verheisst uns Gott erstens, dass er zukünftig da sein wird. Es gibt nicht einen bestimmten Punkt in der Geschichte, an dem Gott nicht mehr da wäre. Wenn in den westlich geprägten Gesellschaften eine zunehmende Gottesentfremdung zu beobachten ist, liegt dies offensichtlich nicht primär am HERRN, unserem Gott. – In seinem Namen verheisst uns Gott zweitens, dass er auf eine spezifische Weise da sein wird. Dies zeigt besonders der letzte Satzteil des Namens: «als der ich da sein werde.» Mit anderen Worten, Gott wird für Menschen da sein, wie es die Situation erfordert. Wir vernahmen bereits: Gott sieht, hört und erkennt das Elend, das Geschrei und die Schmerzen seines Volkes Israel in Ägypten. Berufen durch Jesus Christus dürfen auch wir uns zu Gottes Volk rechnen. Auch wir dürfen in Situationen der Bedrängnis gewiss sein, dass Gott so auf uns achtet, wie wir es bedürfen. Wie wir es aus Gottes Sicht bedürfen, nicht aus unserer eigenen. Gott lässt sich nicht einfach für unsere Wünsche in die Pflicht nehmen. – In seinem Namen verheisst uns Gott drittens, dass er mit sich selbst noch nicht fertig ist. Der HERR, unser Gott, ist selbst noch im Werden. Nehmen wir zur Verdeutlichung zwei seiner Eigenschaften, die Barmherzigkeit und die Gerechtigkeit. Bereits bei der Schöpfung überlegt sich Gott laut den Rabbinen,[2] ob er die Welt nach seiner Eigenschaft der Barmherzigkeit oder nach seiner Eigenschaft der Gerechtigkeit schaffen soll. Zunächst vergleichen die Rabbinen Gott den Schöpfer mit einem König. «Gleich einem König, welcher leere Becher hatte, da sprach er: Schütte ich Heisses hinein, so springen sie, schütte ich Kaltes hinein, so bersten sie. Was machte der König? Er mengte das Heisse mit dem Kalten, schüttete es dann in den Becher und es blieb darin.» Dann heisst es weiter: «Ebenso sprach der

Schöpfer: Erschaffe ich die Welt nach meiner Eigenschaft der Barmherzigkeit, so werden sich ihre Sünden häufen; erschaffe ich sie dagegen nach meiner Eigenschaft der Gerechtigkeit, wie soll die Welt bestehen? Ich werde sie mit beidem schaffen, oh, dass die Welt doch bestände.» Welche Eigenschaft wird aber bei Gottes grossem Kommunikationsgeschehen überwiegen, das die ganze Wahrheit über uns und die anderen ans Licht bringen wird und das man traditionell Jüngstes Gericht nennt? Seine Barmherzigkeit oder seine Gerechtigkeit? Noch können wir es nicht wissen, und noch weiss es Gott selbst nicht. Zwar hat uns Gott in Jesus Christus bereits mit sich selbst versöhnt. Sein letztes Wort über die ganze Welt steht jedoch noch aus.

Übersetzen wir nun einmal die rabbinische Diskussion über die Barmherzigkeit und die Gerechtigkeit Gottes ins apostolische Glaubensbekenntnis. Nachdem davon die Rede war, dass Jesus in den Himmel aufgefahren ist, heisst es: «Er sitzt zur Rechten Gottes, des allmächtigen Vaters.» Die Position zur Rechten Gottes ist die des Fürbitters. Jesus sitzt bei Gott fürbittend für uns. Dies ist ein Bild für die innertrinitarische Diskussion. Jesus steht für die Barmherzigkeit Gottes, Gott selbst für die Gerechtigkeit Gottes. Weshalb sollte diese innertrinitarische Diskussion Sinn haben, wenn Gott nicht noch im Werden wäre. Und weshalb sollte unser eigenes Gebet Sinn haben, wenn Gott schon alles fest beschlossen hätte. Gottes Name, wie ihn Mose am brennenden Dornbusch erfährt, lehrt uns, dass unser Gott nicht festgelegt ist. «Ich werde da sein, als der ich da sein werde.» Für uns wird er da sein, als der er jeweils für sich selbst sein und werden wird. Gottes Zukunft ist offen, aber immer uns zum Segen. Amen.

---

2 *Bereschit Rabba, 12*

FEUER

in Flammen steht
der herbstliche Wald
erstrahlt in Farben
lichtgelb und rotgolden
vor schwarzer Wolkenwand

wachsende Schatten
greifen
mit langen dünnen Fingern
gierig nach dem Licht
im Würgegriff der Dunkelheit
erlischt das Farbenspiel

Vergehen und Werden
im Jahreskreis
betörend schön
und rätselhaft zugleich
was bleibt
in diesem steten Wandel

Gottes Zeichen
ragen hoffnungsvoll
hinein in Welt und Zeit
zeugen von ewiger Glut
sprechen von Gottes Liebesfeuer
das kein Erlöschen kennt

der Dornbusch brennt
und wird doch nicht versengt
die Feuersäule weist den Weg
glühende Kohle öffnet Lippen
und gibt Gottes Willen kund
Gottes Geist
wie Feuerzungen
entflammt die Herzen
und verbindet Menschen

Gottes Feuer geht mit uns
wärmt und erhellt
auch kalte dunkle Winterwege

November 2008

BILD IV: DIE BINDUNG ISAAKS

«Er sprach:
Strecke deine Hand nicht aus gegen den Knaben, und tu ihm nichts,
denn nun weiss ich, dass du gottesfürchtig bist,
da du mir deinen Sohn, deinen Einzigen,
nicht vorenthalten hast.»

Genesis 22,12

Lesung: Römer 3,21–24.28–31

Genesis 22,1–19 *Reformationssonntag 2002*

Liebe Gemeinde,
das vierte Glasbildfenster, das ich thematisiere, ist das letzte Fenster
in der Reihe der Motive aus der Hebräischen Bibel. Arnold Zahner
hat dort die sogenannte Opferung Isaaks dargestellt. Bevor ich den
Predigttext verlese, möchte ich Sie noch auf eine Besonderheit der
bildlichen Darstellung hinweisen. Sicher haben Sie schon andere
bildliche Darstellungen der Opferung Isaaks gesehen.

Fast immer wird der Moment ins Bild gesetzt, in dem Abraham
mit erhobenem Messer seinen Sohn gerade schlachten will und Gott
durch einen himmlischen Boten Einhalt gebietet. In Hunzenschwil
ist es anders. Auf dem Altar liegt nicht Isaak, sondern ein Widder.
Der Ersatz Isaaks durch ein Opfertier hat bereits stattgefunden. Der
Künstler betont auf diese Weise die Gnade Gottes, der das Leben
seiner Menschen will und nicht deren Tod. Obwohl dieser Aspekt
der Darstellung interessant ist, werde ich ihn heute nicht näher
entfalten. Ich lese zunächst die Verse 1–14:

«Nach diesen Begebenheiten geschah es. Gott prüfte Abraham. Er sprach
zu ihm: Abraham! Er sprach: Hier bin ich. Und er sprach: Nimm deinen
Sohn, deinen Einzigen, den du lieb hast, Isaak, und geh in das Land
Morija und bring ihn dort als Brandopfer dar auf einem der Berge, den
ich dir nennen werde. Am andern Morgen früh sattelte Abraham seinen
Esel und nahm mit sich seine beiden Knechte und seinen Sohn Isaak.
Er spaltete Holz für das Brandopfer, machte sich auf und ging an die

Stätte, die Gott ihm genannt hatte. Am dritten Tag blickte Abraham auf und sah die Stätte von ferne. Da sprach Abraham zu seinen Knechten: Bleibt ihr hier mit dem Esel, ich aber und der Knabe, wir wollen dorthin gehen, und wenn wir angebetet haben, wollen wir zu euch zurückkommen. Dann nahm Abraham das Holz für das Brandopfer und lud es seinem Sohn Isaak auf. Er selbst nahm das Feuer und das Messer in die Hand. So gingen die beiden miteinander. Da sprach Isaak zu seinem Vater Abraham: Mein Vater! Er sprach: Hier bin ich, mein Sohn. Er sprach: Sieh, hier ist das Feuer und das Holz. Wo aber ist das Lamm für das Brandopfer? Abraham sprach: Gott selbst wird sich das Lamm für das Brandopfer ausersehen, mein Sohn. So gingen die beiden miteinander. Und sie kamen an die Stätte, die Gott ihm genannt hatte, und Abraham baute dort den Altar und schichtete das Holz auf. Dann fesselte er seinen Sohn Isaak und legte ihn auf den Altar, oben auf das Holz. Und Abraham streckte seine Hand aus und ergriff das Messer, um seinen Sohn zu schlachten. Da rief ihm der Bote des HERRN vom Himmel her zu und sprach: Abraham, Abraham! Er sprach: Hier bin ich. Er sprach: Strecke deine Hand nicht aus gegen den Knaben, und tu ihm nichts, denn nun weiss ich, dass du gottesfürchtig bist, da du mir deinen Sohn, deinen Einzigen, nicht vorenthalten hast. Und Abraham blickte auf und sah hin, sieh, ein Widder hatte sich hinter ihm mit seinen Hörnern im Gestrüpp verfangen. Da ging Abraham hin, nahm den Widder und brachte ihn als Brandopfer dar an Stelle seines Sohns. Und Abraham nannte jene Stätte: Der-HERR-sieht, wie man noch heute sagt: Auf dem Berg, wo der HERR sich sehen lässt.»

Gleich zu Beginn wissen wir mehr als Abraham. «Nach diesen Begebenheiten geschah es. Gott prüfte Abraham.» Dieser erste Vers ist sozusagen die Überschrift des ganzen Textes. Abraham weiss nicht, dass es sich um eine Prüfung handelt, nur wir als Hörer des Textes wissen es. Die Erzählung von der sogenannten Opferung Isaaks wird oft als brutal empfunden. Wie kann Gott nur so etwas tun? Wie kann er Abraham beauftragen, seinen eigenen Sohn zu opfern? Dass die Erzählung als brutal empfunden wird, liegt an einer oft oberflächlichen Lektüre. Schnell schieben sich die dramatischen Effekte in den Vordergrund. Isaak wird auf das Holz gelegt, das Abraham auf dem Altar aufgeschichtet hat, und er wird gefesselt. Abraham zückt das Schlachtmesser, setzt zum tödlichen Schnitt an. Doch dann wird die Szene eingefroren. Im entscheidenden Moment ertönt die himmlische Stimme: Abraham, Abraham. Diese dramatischen Effekte, die natürlich den Reiz der Erzählung ausmachen, lassen leicht vergessen, dass es sich bei dem ganzen Vorgang um eine Prüfung handelt. Die Information der Überschrift, dass es in der Erzählung um eine Prüfung durch Gott geht, schafft von vornherein einen positiven Erwartungshorizont. Nämlich den, dass die Prüfung gut ausgeht. Jedenfalls geht es um eine Prüfung. Deshalb möchte ich die Erzählung lieber als Prüfung Abrahams, statt als Opferung Isaaks bezeichnen.

Weshalb aber muss Abraham geprüft werden? Unser Text beginnt in Vers 1 mit der Formulierung «Nach diesen Begebenheiten geschah es. Gott prüfte Abraham.» Die Formulierung «nach diesen Begebenheiten» hat in Genesis immer die Funktion, ein Einzelereignis in einen grösseren Geschehenszusammenhang zu stellen. Hier bezieht sich die Formulierung zurück auf alles, was bereits von Abraham erzählt worden ist. Insbesondere bezieht sich die Formulierung auf die Erzählungen und Passagen, in denen sich Abrahams Unzulänglichkeiten zeigten: Da ist zum Beispiel der Umstand, dass Abraham in Ägypten seine schöne Frau Sara gegenüber Pharao als seine Schwester ausgibt. Mit dieser Lüge glaubt Abraham, seine eigene Haut zu retten. Wenn Sara nämlich seine Schwester ist und nicht seine Frau, dann braucht Abraham keine Angst zu haben, dass er getötet wird, wenn Pharao Sara seinem Harem einverleiben will.

Als Bruder darf Abraham von Pharao sogar eine Belohnung erwarten. Ein anderes Beispiel ist Abrahams Lachen über die Nachkommenverheissung Gottes an die hundertjährige Sara. Abraham will oder kann Gott einfach nicht glauben. Er findet die Verheissung lächerlich, dass die alte Sara einen Sohn gebären wird. Gerade diese Unzulänglichkeiten sind es, die erklären, weshalb Abraham geprüft werden muss. Als Stammvater Israels soll Abraham sich bewährt haben.

Dass Gott einen Menschen auf die Probe stellt, ist ein Gedanke, der uns in der Regel missfällt. Wir erwarten von Gott Hilfe und Zuwendung, aber keine Prüfung. Entsprechend beten wir im Unservater: «Führe uns nicht in Versuchung.» Man kann auch «Führe uns nicht in eine Prüfung» sagen. Die griechische Übersetzung von Genesis 22,1 und der griechische Text des Unservater verwenden dasselbe Wort. Die Mühe, die Christen mit dem Gedanken haben, dass Gott einen Menschen in Versuchung führt, zeigt sich an Luthers Auslegung des Unservater. Im Kleinen Katechismus heisst es zu «Führe uns nicht in Versuchung»: «Was ist das? Gott versucht zwar niemanden; aber wir bitten in diesem Gebet, dass uns Gott wolle behüten und erhalten, auf dass uns der Teufel, die Welt und unser Fleisch nicht betrüge und verführe in Missglauben, Verzweiflung und andere grosse Schande und Laster.» Aus der Prüfung Gottes wird so eine Prüfung durch den Teufel, die Welt und unser Fleisch. Bisher habe ich auch die Prüfung Abrahams aus dem Kontext der übrigen Abrahamerzählungen heraus negativ erklärt: Abraham wird wegen seiner Unzulänglichkeiten geprüft.

Eine Prüfung durch Gott kann aber auch positiv verstanden werden. Über positive Gründe für die Prüfung Abrahams belehrt ein jüdischer Kommentar[3] zu Genesis aus dem 5. Jahrhundert. Einer dieser Gründe ist folgender: Die Völker hinterfragen, ob denn Abraham von Gott zu Recht zum Stammvater Israels erwählt worden sei. Sie mutmassen, dass die Erwählung willkürlich erfolgt sei. Demgegenüber führt der Kommentar aus, dass Abraham geprüft worden sei, um den Völkern der Welt ein Zeichen zu geben. Diesem Gedanken liegt ein Wortspiel mit prüfen, hebräisch *nissa*, und Zeichen, hebräisch *nes*, zugrunde. Abrahams bestandene Prüfung sei ein solches Zeichen. Abraham habe mit hundert Jahren noch einen Sohn bekommen und er sei bereit gewesen, diesen Sohn für Gott hinzugeben. Abrahams Verhalten rechtfertige Gottes Erwählung. Die Prüfung Abrahams dient, so verstanden, dazu, Gott in seinem Erwählungshandeln vor dem Forum der Völker zu bestätigen. Eine Prüfung durch Gott lässt sich tatsächlich positiv verstehen. Ich versuche diesen Gedanken auf uns als christliche Gemeinde und auf uns als einzelne Christen und Christinnen zu übertragen. Als Gemeinde sind wir in Jesus Christus dazu erwählt, Licht der Welt und Salz der Erde zu sein. Bestätigen wir durch unseren Glauben und unser Leben diese Erwählung Gottes? Wird an unserem Glauben und an unserem Leben erkennbar, dass Gott uns zu Recht in Jesus erwählt und zu Jesu Nachfolgenden berufen hat?

Ich nenne drei alltägliche Beispiele: Kaufen wir als einzelne Christen zum Beispiel nur in den grossen Einkaufszentren oder auch in den örtlichen Geschäften, um mit dem höheren Preis dazu beizutragen, dass solche kleinen Geschäfte in den Dörfern existieren können und die alten Menschen, die nicht mehr so beweglich sind, eine Einkaufsmöglichkeit haben? Die Prüfung oder Versuchung, nur preisgünstig in den Einkaufszentren zu kaufen, liegt nahe. Oder leisten wir als einzelne Christen gegenüber der Parole «Das Boot ist voll» Widerstand und stehen für die Tradition einer humanen Schweiz ein? Die Versuchung, das Drogenmilieu am Aarauer Bahnhof als Vorwand zu einer generellen Ablehnung von Asylsuchenden zu gebrauchen, ist gross. Schweizer Sozialausgaben kämen ohne Asylsuchende wirklich Schweizern zugute. Oder vermögen Angehörige den Tod einer jungen krebskranken Frau im Glauben so zu bewältigen, dass daraus ein neues Füreinander folgt und keine Verbitterung entsteht? Hier besteht die Prüfung oder Versuchung darin, alle Lebensfreude zu verlieren und an Gott als dem Gott des Lebens zu zweifeln. Gerade dieses letzte Beispiel zeigt, dass der Gedanke einer Prüfung durch Gott auch problematisch sein kann. Man kann diesen Gedanken allenfalls im Glauben für sich selbst annehmen, um dem eigenen Leiden einen Sinn zu geben. Anderen, Aussenstehenden, verbietet sich eine derartige Deutung des Leidens. Grundsätzlich bleibt es aber dabei, dass eine Prüfung durch Gott positiv verstanden werden kann.

Ein anderer positiver Grund für eine Prüfung, die der jüdische Kommentar nennt, ist die Vervollkommnung des Geprüften. Der zu Prüfende wird dabei als ein bereits gerechter Mensch verstanden. In einem Vergleich wird der zu Prüfende als Flachs und Gott als Flachsdrescher beschrieben. Es heisst: «Der HERR prüft den Gerechten. Es sagt R. Josse ben Chanina: Dieser Flachsdrescher, wenn er weiss, dass sein Flachs gut ist, je mehr er ihn presst, umso besser wird er, je mehr er draufschlägt, umso fester wird er. So prüft der Heilige, gepriesen sei Er, nur die Gerechten.» In diesem Gleichnis gehört das Schlagen zum Verarbeitungsprozess, und nur bei einer derart harten Behandlung können die verborgenen Qualitäten des Flachs sich entfalten. Formt Gott seine Gerechten, indem er ihnen Prüfungen und Leiden auferlegt? Werden die Menschen dabei vielleicht erst wirklich zu Gerechten? Das Gleichnis fordert heraus, über diese Möglichkeit nachzudenken, aber es schreibt keinen theologischen Lehrsatz fest.

Abraham ist ein solcher Gerechter. In Genesis 15,6 heisst es: «Er glaubte dem HERRN, und das rechnete er ihm als Gerechtigkeit an.» Zugegeben, die Prüfung Abrahams und das Zeichen, das Abraham gibt, sind nicht alltäglich und damit besonders. Abraham besteht eine ganz ausserordentliche Prüfung. Worin besteht diese Prüfung nun ganz genau? Sie denken jetzt vielleicht: Das ist doch klar. Die Prüfung besteht darin, ob Abraham bereit ist, seinen Sohn, seinen Einzigen, den er lieb hat, den Isaak, zu opfern. Das stimmt und stimmt nicht. Betrachten wir zunächst den dramatischen Dialog zwischen Vater und Sohn in den Versen 6–8 etwas genauer. Abraham ist mit dem Holz, seinem Sohn und dem Messer unterwegs. Isaak spricht zu seinem Vater Abraham und sagt: Mein Vater! Abraham spricht: Hier bin ich, mein Sohn. Der Sohn nennt den Vater «mein Vater» und der Vater nennt den Sohn «mein Sohn». Das Verhältnis der beiden wird auf diese Weise als sehr intim charakterisiert. Isaak sagt: «Sieh, hier ist das Feuer und das Holz! Wo aber ist das Lamm für das Brandopfer?» Da sagt Abraham: «Gott selbst wird sich das Lamm für das Brandopfer ausersehen, mein Sohn.» Wie meint Abraham das, Gott selbst wird sich das Lamm für das Brandopfer ausersehen? Will Abraham seinen Sohn so nur beruhigen? Keine Sorge, Isaak, Gott wird es schon richten. Oder drückt Abraham hier sein tiefstes Vertrauen zu Gott aus? Mach dir keine Sorgen, Isaak. Gott führt uns diesen Weg, aber im entscheidenden Moment wird er wissen, was zu tun ist. Du kannst Gott vertrauen. Ein weiteres

Wortspiel zeigt, dass der Text genauso zu verstehen ist. Hier, in Vers 8, ist davon die Rede, dass Gott sich ein Lamm für das Brandopfer ausersehen wird. In Vers 12 sagt Gott zu Abraham: «Nun weiss ich, dass du gottesfürchtig bist, da du mir deinen Sohn, deinen Einzigen, nicht vorenthalten hast.» Abraham vertraut darauf, dass Gott sich ein Ersatzopfer ausersehen wird; Gott spricht Abraham zu, ihn so zu fürchten. Ausersehen – fürchten; hebräisch *jiräh – jere*. Die eigentliche Prüfung Abrahams besteht in der Frage, ob er Gott tatsächlich vertraut. Ob Abraham auch angesichts des schrecklichen Auftrags, seinen geliebten Sohn zu opfern, dennoch glaubt, dass Gott auf Abrahams Leben sieht. Ob Abraham ehrfürchtig gegenüber Gott ist und sein Leben ganz in Gottes Hände gibt. Sein Leben, denn mit dem Auftrag Gottes steht Abrahams Leben auf dem Spiel. Wie hätte er weiterleben können, wenn er seinen Sohn geschlachtet und verbrannt hätte?

Die Prüfung Abrahams ist eine Prüfung seines Glaubens an Gott, seines Vertrauens darauf, dass er zuletzt doch mit Gott rechnen kann. Damit sind wir mitten in der Thematik des heutigen Reformationssonntages. Was Dreh- und Angelpunkt der Reformation war, haben wir in der Lesung gehört. Paulus urteilt, dass ein Mensch durch Glauben gerechtfertigt wird, ohne Gesetzeswerke. Und mit Luther füge ich hinzu: Allein durch Glauben. Reformation heisst, vor Gott mit nichts anderem dazustehen als dem Glauben, mit absolut nichts anderem. Abraham hat vorgemacht, wie das geht. Er stand vor Gott und seinem Auftrag mit leeren Händen. Er hatte nichts anderes als sein Vertrauen darauf, dass Gott ihn nicht verlassen wird, dass Gott im rechten Moment weiss, was zu tun ist. Abraham ist uns damit zum Vorbild gegeben. Zu einem extremen Vorbild, damit wir auch wirklich verstehen. Gemeint ist nicht, dass wir nun auch unsere Kinder opfern sollen. Vielmehr soll an dieser extremen Situation verdeutlicht werden, was allein durch den Glauben wirklich heisst.

Bei Abraham kommt sogar noch etwas hinzu. Um dies zu erkennen, lese ich nun im Auszug die Verse 15–19 des heutigen Textes.

«Und der Bote des HERRN rief Abraham ein zweites Mal vom Himmel her und sprach: Ich schwöre bei mir selbst, Spruch des HERRN: Weil du das getan und deinen Sohn, deinen Einzigen, mir nicht vorenthalten hast, sei gewiss: Ich will dich segnen und deine Nachkommen mehren wie die Sterne des Himmels und wie den Sand am Ufer des Meeres, … Mit deinen Nachkommen werden sich Segen wünschen alle Völker der Erde, weil du auf meine Stimme gehört hast.»

In dieser Passage ist die Abfolge der Verben *tun* und *hören* entscheidend. Erst schwört Gott Abraham Nachkommen zu, weil er es *getan* hat, ihm seinen Sohn nicht vorenthalten hat. Dann erst erwähnt Gott, dass Abraham auf Gottes Stimme *gehört* hat. Die Reihenfolge der Verben *tun* und *hören* ist unlogisch. Tatsächlich hat Abraham ja erst Gottes Auftrag gehört und zog dann los. Diese unlogische Reihenfolge der Verben ist nicht zufällig. Der Text will so zum Ausdruck bringen, dass Abraham Gott so sehr vertraut hat, dass er unmittelbar tat, was er gehört hatte. Abraham tat es, ohne nachzudenken, noch bevor er den Auftrag verstanden hatte. Allein aus Glauben, das ist tun und hören. Amen.

---

3 *Bereschit Rabba*, 55.

EIFERSÜCHTIGER GOTT?

«Du sollst dich nicht niederwerfen vor einem anderen Gott,
denn Eifersüchtig ist der Name des HERRN,
ein eifersüchtiger Gott ist er.»   Exodus 34,14

glauben wir
an einen Gott der Eifersucht
   der es nötig hat
   seinem Geschöpf
   ständig nachzulaufen
   eifersüchtig zu wachen
   über dessen Herz
   ohne Kompromisse
   zu ahnden jeden Fehltritt
an einen Gott
   Furcht erregend
   Besitz ergreifend
   bedrohlich
   fordernd
   kleinlich

oder vertrauen wir
dem Gott der Liebe
   dessen Eifer
   in tiefster Liebe wurzelt
   leidenschaftlich und verzehrend

dem Gott
   der seinen Menschen
   nicht Kräften überlassen will
   die diese Welt
   beherrschen und zerstören
dem Gott
   der den nichtigen Göttern
   den Kniefall eines Wesens
   das er liebt
   missgönnt
dem Gott
   der sich hingibt für die Welt
   und ringt voll Leidenschaft
   um Herzen
   die sich frei entscheiden
   für ihn und für sein Reich
dem Gott
   der sich ersehnt
   ein Gegenüber
   das seine grosse Liebe
   erwidern kann und will

Juni 2008

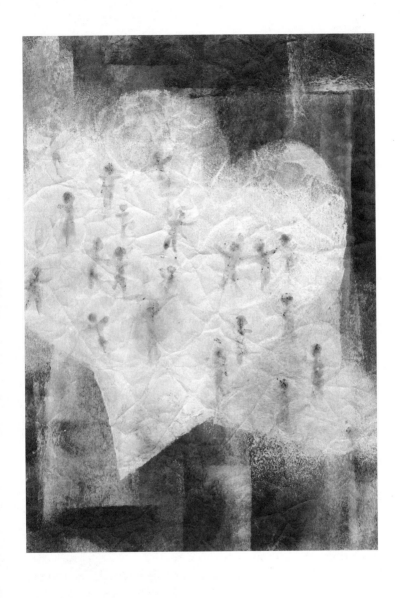

BILD V: BETLEHEM

«Und siehe da:
Der Stern, den sie hatten aufgehen sehen, zog vor ihnen her,
bis er über dem Ort stehen blieb, wo das Kind war.»   Matthäus 2,9

Lesung: Lukas 2,1–20

Lukas 2,1–20 / Jesaja 1,2–3[4]   *Heiligabend 2003*

Liebe Gemeinde,
es gibt im Jahreslauf wohl kaum einen zweiten Zeitraum, der so mit
Erwartungen behaftet ist wie die Weihnachtstage. Das Fest der Freude und des Friedens, das Fest der Familie und der Liebe. Wie sollten
wir es anders feiern wollen als in der Erwartung, dass Freude und
Friede, Liebe und Familienzusammenhalt auch wirklich erlebbar
werden. Das schafft mitunter sogar eine übersteigerte Erwartung
und deshalb manchmal auch Enttäuschung oder gar Streit.

Trotzdem ist es gut, daran festzuhalten: Weihnachten ist und
bleibt ein Fest, an dem wir etwas erwarten sollen. Weihnachten ist
ein Fest, das uns ganz vereinnahmen will. Weihnachten ist ein Fest,
das uns hineinziehen will in die Botschaft Gottes vom Glück und
vom Frieden für seine Menschen. Es ist vor allem die Weihnachtsgeschichte, die uns die Wahrheit dieser Erwartung bezeugen will.
Die Geschichte von der Geburt Jesu im Stall. Die Geschichte, um
die sich an Weihnachten alles dreht. Sie bietet so viele Möglichkeiten, sich selbst hineinzuversetzen, sich selbst loszulassen mit all den
eigenen Unzulänglichkeiten und sich auf den Weg zu begeben, hin
zur Krippe im Stall von Betlehem.

Da sind Maria und Josef, Mann und Frau, gerade erst verlobt,
und schon haben sie ein Kind. Da sind die Hirten, wenig geachtet,
wenig beachtet. Plötzlich stehen sie im Mittelpunkt des Weltgesche-
hens. Sollen sie der himmlischen Botschaft glauben? Da sind die
Engel, sie überbringen die grossartige Nachricht: Licht für alle, die
in der Finsternis sind, Friede auf Erden. Da ist der Stern, der den

Weg hell macht. Und schliesslich kommen die drei weisen Könige und bringen Geschenke, kommen, um sich dem Weg des Kindes anzuschliessen.

Es fehlen noch Ochs und Esel. Dann wäre die Krippenszene, wie wir sie kennen, perfekt! Wieso gehören Ochs und Esel eigentlich an die Krippe? Einige meinen, sie wärmen das Kind mit ihrem Atem. Andere finden, sie gehören einfach zum rustikalen Ambiente eines Stalls. Immerhin wäre es möglich, dass sie dort zu Hause sind. Ochs und Esel könnten aber auch ein Hinweis sein, dass nicht nur die Welt der Menschen, sondern auch die der Tiere von der Weihnachtsbotschaft betroffen sind: Heil und Frieden für alle Welt!

Es geht jedoch um etwas anderes. Ochs und Esel spielen an der Krippe eine aussergewöhnliche Rolle. Seit frühester Zeit werden sie an der Krippe abgebildet. Auf vielen dieser Bilder sind sie dem Kind in der Krippe am nächsten. Ja, ich möchte behaupten: mit Ochs und Esel sitzen wir in der ersten Reihe. Älteste Abbildungen aus Stein, Marmor oder Elfenbein, später im Mittelalter unzählige Malereien in Büchern oder als Ikonen zeigen fast immer Ochs und Esel an der Krippe. Zum Beispiel die Wandmalerei in der Maria-Trost-Kirche in Meran aus dem 13. Jahrhundert[5]

Manchmal sogar ohne Maria und Josef, ohne Hirten und Könige, wie auf dem Deckenbild aus Zillis aus dem 12. Jahrhundert.[6] Ochs und Esel an erster Stelle, Ochs und Esel ganz nah dran. Das verwundert. Es verwundert umso mehr, als Ochs und Esel in der Weihnachtsgeschichte, wie wir sie eben gehört haben, gar nicht vorkommen. Und auch Matthäus, der von der Ankunft der weisen Könige erzählt, weiss nichts von einem Ochsen oder einem Esel im Stall. Wo kommen sie her, die braven Vierbeiner. Und wem gehören sie?

Liebe Gemeinde, wie fast alles im Neuen Testament kommen auch Ochs und Esel nicht aus der Tiergeschichte, sondern aus der Biblischen Geschichte des Alten Testamentes und gehören, so möchte ich sagen, dem Propheten Jesaja. Bei Jesaja lesen wir am Anfang seines Buches:

«Himmel, höre, und Erde, horch auf! Denn der HERR hat gesprochen: Kinder habe ich aufgezogen und gross werden lassen, sie aber haben mit mir gebrochen. Noch immer hat ein Ochse seinen Besitzer gekannt und ein Esel den Futtertrog seines Herrn – Israel hat nichts erkannt, uneinsichtig ist mein Volk.» (1,2–3)

Ochs und Esel werden uns als diejenigen vorgestellt, die wissen, wohin sie gehören, die wissen, wo sie Nahrung, Obdach und Schutz finden, die wissen, was los ist. Ochs und Esel, wegen angeblicher Dummheit oder Grobschlächtigkeit vielfach verlacht und gescholten, werden als Vorbild hingestellt. Anders als die Volksgenossen Jesajas wissen Ochs und Esel, wo sie zu Hause sind. Anders als die meisten Zeitgenossen Jesu wissen Ochs und Esel, woher Rettung und Befreiung für die Menschen kommen. Anders als wir und unsere Zeit wissen Ochs und Esel, auf wen sie sich verlassen können: Auf den, der sie geschaffen und erhalten hat, auf den, der sie suchen und finden wird. Es ist erstaunlich, dass sich Lukas und Matthäus dieses geniale Bild von Ochs und Esel beim Propheten Jesaja haben entgehen lassen. Sie, die doch sonst kein Zitat, keinen Hinweis auslassen, den das Alte Testament auf den kommenden Heiland hin gibt. Aber was die Evangelisten ausliessen, holten schon bald die Kirchenväter nach. Sie predigten Ochs und Esel als Beispiel und Warnung für die frühe Kirche. Sie malten Ochs und Esel in die Krippenszene ein! «Noch immer hat ein Ochse seinen Besitzer gekannt und ein Esel den Futtertrog seines Herrn – Israel hat nichts erkannt, uneinsichtig ist mein Volk.» Seitdem gehören sie also dazu, als ob sie schon immer dabei gewesen wären. Selbst der religionsferne Dichter Bertolt Brecht reimt: «Ochs und Esel waren dabei, damit alles in Ordnung sei!»[7].

Ochs und Esel an der Krippe geben ein Beispiel, sind sozusagen Vorbilder des Glaubens und halten uns einen Platz frei. Denn sie fragen nach uns, wo wir sind, Menschen aus dem Volk Gottes, Menschen des Glaubens, wo wir zu finden sind. Sie halten uns einen Platz frei, damit wir kommen und erkennen, wo unser Zuhause ist. Dass wir mit ihnen ganz nah dran sind und genau hinsehen.

Also nicht so wie auf der Darstellung des Malers Felix Hoffmann,[8] in der sich Ochs und Esel eher gelangweilt am Rande des Geschehens finden. Sondern so, wie eben in Zillis gemalt, wo Ochs und Esel aufmerksam hinsehen. Das Kindlein liegt in der Krippe auf Heu und auf Stroh. Das Kind zeigt uns Gott in menschlicher Gestalt. Es erinnert an das Wunder jeden neuen Lebens. Es gibt jedem Menschenkind eine Einzigartigkeit und Würde, die es niemals verliert. Auch dem in Armut geborenen Kind, auch den Kindern ohne ausreichende Zukunft, auch den Kindern, denen zeit ihres Lebens etwas fehlen wird, auch dem Kind, das keine Elternliebe erfährt, auch den Kindern, die unsäglicher Gewalt ausgeliefert sind. Sie alle sollen teilhaben am Wunder der Weihnacht, daran dass Gott aus Menschen Schwestern und Brüder macht. Mit Ochs und Esel sitzen wir in der ersten Reihe, sind ganz nah dran und sehen im Kind den Retter der Welt. Wie wird er es tun, welchen Weg wird er wählen? Der Weg des Kindes aus Betlehem wird der Weg Jesu von Nazaret sein. Ein Weg mit den Menschen, nicht ohne sie. Ein Weg in Verbundenheit mit Menschen, nicht gegen sie. Ein Weg ins Leben und nicht ins Verderben.

Was ist das Besondere an Jesu Weg? Das Besondere ist sein Festhalten an der grenzenlosen Solidarität mit den anderen Menschen. Eine Solidarität von der immer mehr Menschen bei uns meinen, wir könnten sie uns nicht mehr leisten: dass der Gesunde für den Kranken da ist. Dass die Starken für die Schwachen da sind – die Ersten für die Letzten. Erst dann wird keine Not mehr sein, kein Weinen und Klagen, kein gewaltsamer Tod. Ochs und Esel halten uns den Platz frei, sehen uns fragend an, ob wir herkommen wollen und hören und sehen, was uns dieses Kind sagen will. Das Kind, das Jesaja Immanuel nennt, das heisst «Gott ist mit uns»! Mit Ochs und Esel können wir wissen, wohin wir gehören, woher wir kommen und wohin wir gehen. Mit Ochs und Esel sind wir nah dran: zum Begreifen nah. Gott ist mit uns in guten wie in schweren Tagen! Gott ist mit uns auf den Wegen des Friedens. Gott ist mit uns am Anfang wie am Ende. Darum brauchen wir uns nicht zu fürchten, vor der Finsternis nicht, vor den Gewalttätigen nicht, vor den trostlosen Stunden nicht, vor dem morgigen Tag nicht. Der Ochse kennt seinen Besitzer und der Esel den Futtertrog seines Herrn. Deshalb sind sie da bei der Weihnachtskrippe. Sie tun das jetzt schon viele Jahre. Sie freuen sich und sind dankbar, dass sie dabei sein dürfen. Mit grosser Geduld warten sie darauf, dass ihr Beispiel Schule macht. Mit grosser Erwartung sehen sie auf uns. Amen.

4 Diese Predigt stammt im Kern von Pfarrer Wolfgang Theiler und wurde von mir überarbeitet.

5 *Gott wird Kind, Bilder und Texte für die Advents- und Weihnachtszeit,* hg. v. Bistum Essen, 1993, Bild 4.

6 *Diaserie zu den Bildern der Kirchendecke von Zillis. Teil 1. Weihnachten. Die Geburt des Königs der Welt,* Evangelischer Mediendienst, Bern/Zürich, 1996, Bild 37; oder Ursi Tanner-Herter, *Zillis – Biblische Bilder,* Zürich, ²2008, 23.

7 *Bertholt Brecht Gesammelte Werke,* Bd. 8, Zürich, 1976, 124; im Gedicht «Die gute Nacht».

8 *Weihnachten. 24 farbige Dias nach dem Bilderbuch von Felix Hoffmann,* Evangelischer Mediendienst Zürich, 1980, Bild 8.

SO NAH IST GOTT

«Das Wort, der Logos,
wurde Fleisch und wohnte unter uns,
und wir schauten seine Herrlichkeit,
eine Herrlichkeit,
wie sie ein Einziggeborener vom Vater hat,
voller Gnade und Wahrheit.»

Johannes 1,14

Logos – Wort
mehr als Wörter
nicht Geplauder
kein gescheites
Reden von Gott
mehr als kluge
gewichtige Worte
über Gott und die Welt

Logos – Gott spricht
sein Wort
gewinnt Gestalt
Ewigkeit bricht ein
in Zeit und Raum
Gott nimmt Wohnung
im Geschaffenen
trägt mit am Schicksal
dieser Welt

Gott wird Mitmensch
Bruder
der Schöpfer
wird Geschöpf

so ver-rückt
liebt Gott seine Welt
gibt hin die Macht
sagt ja zu Krippe und
zu Kreuz
zu Armut Scheitern
Tod
in Schwachheit
rettet Gott
schlägt die Brücke
vom Himmel zur Erde
von Mensch
zu Mensch

vereint
im Schmutz des Stalls
knien Hirten
werfen sich nieder
Gebildete
Weise Reiche
vor Gott
im hilflosen Kind
staunen erkennen
glauben
schauen Glanz
von Gottes neuer Welt

wer zur Krippe findet
begegnet
Gottes Wahrheit
wird angenommen
staunt erkennt glaubt

Dezember 2008

BILD VI: DIE SPEISUNG DER FÜNFTAUSEND

«Er aber sagt zu ihnen: Wie viele Brote habt ihr? Geht und seht nach!
Sie sehen nach und sagen: Fünf, und zwei Fische.
Und er nahm die fünf Brote und die zwei Fische,
blickte auf zum Himmel,
sprach den Lobpreis und brach die Brote
und gab sie den Jüngern zum Verteilen,
und die zwei Fische teilte er für alle.»   Markus 6,38.41

Lesung: 2. Könige 4,42–44

Markus 6,14–29.30–44   *Erntedanksonntag 2002*

Liebe Gemeinde,

unser heutiger Predigttext ist die Erzählung von Jesu Speisung der
fünftausend mit fünf Broten und zwei Fischen in Markus 6,30–44.
Der Evangelist Markus hebt diese Erzählung hervor, indem er sie
in Kontrast zu einer anderen Erzählung setzt, und zwar der von der
Enthauptung Johannes des Täufers durch Herodes. Wir werden uns
deshalb zunächst mit dem König Herodes und dem Tod des Täufers
beschäftigen, um danach desto deutlicher zu sehen, wer Jesus ist
und was er macht: Markus 6,14–29:

«Auch der König Herodes hörte von ihm, denn sein Name war bekannt
geworden, und es hiess, Johannes der Täufer sei von den Toten auferweckt
worden, darum wirkten solche Kräfte in ihm. Andere aber sagten: Er ist
Elija, wieder andere sagten: Er ist ein Prophet wie einer der Propheten.
Als Herodes das hörte, sagte er: Johannes, den ich enthaupten liess, der
ist auferweckt worden. Herodes selbst hatte Johannes nämlich gefangen
nehmen und in Ketten legen lassen wegen Herodias, der Frau seines
Bruders Philippus, weil er sie geheiratet hatte. Denn Johannes hatte zu
Herodes gesagt: Es ist dir nicht erlaubt, deines Bruders Frau zu haben.
Herodias aber trug ihm das nach und wollte ihn töten lassen, konnte
es aber nicht. Denn Herodes fürchtete Johannes, weil er wusste, dass er

ein gerechter und heiliger Mann war, und er liess ihn bewachen. Und wenn er ihm zuhörte, geriet er in grosse Verlegenheit, und doch hörte er ihm gern zu. Doch an einem günstigen Tag, als Herodes zu seinem Geburtstag ein Gastmahl gab für seine Grossen, die Befehlshaber und die einflussreichsten Leute Galiläas, trat seine Tochter – die von der Herodias – herein und tanzte. Und sie gefiel dem Herodes und den Gästen. Da sagte der König zu dem Mädchen: Verlange von mir, was du willst, und ich werde es dir geben. Und er schwor ihr: Was immer du von mir verlangst, ich werde es dir geben, bis zur Hälfte meines Reichs. Da ging sie hinaus und sagte zu ihrer Mutter: Was soll ich verlangen? Die aber sagte: Den Kopf des Täufers Johannes. Und sogleich eilte sie hinein zum König und erklärte: Ich will, dass du mir auf der Stelle auf einer Schale den Kopf des Täufers Johannes gibst! Da bedauerte der König seinen Schwur vor den Gästen, doch er wollte sie nicht abweisen. Und sogleich entsandte der König einen Henker und befahl, den Kopf zu bringen. Und der ging und enthauptete ihn im Gefängnis, brachte seinen Kopf auf einer Schale und gab ihn dem Mädchen, und das Mädchen gab ihn seiner Mutter. Als die Jünger des Johannes davon hörten, kamen sie und holten seinen Leichnam und legten ihn in ein Grab.»

Der König Herodes hat seine Grossen, die Befehlshaber und die einflussreichsten Leute Galiläas zu sich in den Palast gebeten. Die versammelte Macht-, Militär- und Geldelite feiert Geburtstag. Man trinkt und berauscht sich zusätzlich am Tanz der schönen Tochter der Herodias. Die junge Frau kann von Glück reden, dass ihr nicht mehr passiert, als dass Herodes verrückt nach ihr wird. Solche Gelage von reichen und einflussreichen Leuten, bei denen sich Frauen prostituieren, kennt man auch aus unserer Gegenwart. Der einzige Unterschied ist, dass man die Feste heute lieber im Verborgenen feiert. Der Evangelist nennt Herodes in feiner Ironie einen König. In Wirklichkeit war Herodes nur Vierfürst von Galiläa und Peräa. Vergeblich hat er sich zeit seines Lebens bei den Römern um die Königswürde bemüht. Gleichzeitig stellt Markus den Herodes in eine Linie mit altorientalischen Despoten. Wenn es von Herodes heisst, dass er ein Mahl für seine Grossen bereitete, so geschieht dies in deutlicher Anspielung auf die Gelage der Grosskönige, von denen die Bücher Daniel und Ester berichten. Bei einem Essen, das Ester, die Frau des Perserkönigs Ahasveros veranstaltete, fielen auch die Sätze, die Herodes bei seinem Gelage gegenüber der Tochter von Herodias spricht: Im Buch Ester heisst es (5,6): «Und beim Wein sprach der König zu Ester: Was ist deine Bitte? Sie soll dir gewährt werden! Und was ist dein Wunsch? Wäre es auch das halbe Königreich – er soll erfüllt werden!» Im Gegensatz zu Ahasveros hat Herodes jedoch faktisch nichts zu bieten. Er besitzt nicht einmal ein Königreich. Diese ironische Darstellung des Vierfürsten Herodes hat bei Markus jedoch einen Sinn. Markus führt uns Herodes vor, nicht als eine historische Figur, sondern als einen exemplarischen Vertreter despotischer Machthaber.

So hatte Israel den Pharao von Ägypten erlebt und auch die babylonischen Könige, die Israel ins Exil verschleppt hatten. Aber nicht nur die Könige der Fremdherrschaft waren für Israel despotisch. Israels Könige selbst lassen sich weitgehend in dieser Reihe platzieren. Unser Text handelt vom alten Konflikt zwischen den Propheten als den von Gott gesandten Repräsentanten des Volkes und ihren Widersachern, den Königen. Das Handlungsschema mit den handelnden Personen Johannes, Herodes und dessen Frau Herodias hat sein Modell in der Geschichte von dem Propheten Elija, dem König Ahab und dessen Frau Isebel im 1. Buch der Könige. Der Prophet Elija hatte die Schandtaten des israelitischen Königs Ahab angeprangert. Isebel, Ahabs Frau, trachtet daraufhin nach Elijas Leben und Elija muss um sein Leben fürchten und fliehen. Im Markusevangelium wird uns Johannes als der wiedergekommene Elija bezeugt. In seiner prophetischen Funktion klagt Johannes Herodes an und Herodias lässt ihm den Kopf abschlagen. Der wiedergekommene Elija kann sein Leben nicht retten.

Im Text fällt auf, dass das Verb *geben* fünfmal gebraucht wird. Herodes kündigt gleich zweimal an, der tanzenden Tochter zu *geben*, was sie erbittet. Die Tochter bittet nach Rücksprache mit der Mutter darum, dass ihr das Haupt von Johannes *gegeben* werde. Schliesslich *gibt* ihr der Henker das Haupt und sie *gibt* es ihrer Mutter. Eine königliche Familie von Gebern. Gegeben wird der Kopf des Johannes. In despotischen Kreisen zählt ein Menschenleben wenig. Man denke nur an Saddam Hussein, den Despoten von Irak, der Giftgas gegen die «eigene Bevölkerung» *gegeben* hat. Man muss aber nicht nur an wirkliche Despoten denken.

Um ein Beispiel für problematisches Geben zu finden, hilft ein Blick über die Grenze in die Bundesrepublik Deutschland, in der heute ein neues Parlament gewählt wird. Ich meine gegebene Versprechen der Regierenden. Versprechen, die Arbeitslosigkeit wirksam zu senken, wurden vor vier Jahren gegeben und werden auch heute von allen Wahlkämpfenden wiederholt. Diese Art Versprechensgebung ist jedoch recht inhaltsleer. Entscheidendes wird wahrscheinlich auch in den nächsten Jahren nicht passieren, weil die Mehrheit der Bevölkerung die Besitzstände nicht wirklich antasten will. Neue Arbeitsplätze entstünden unter anderem dann, wenn Arbeit geteilt und beispielsweise die riesige Zahl an Überstunden abgebaut würde.

Der Art Geben des Königs Herodes setzt nun Markus mit der Erzählung von der Speisung der fünftausend ein ganz anderes Geben gegenüber – mit den Versen 30–44:

«Und die Apostel versammeln sich bei Jesus. Und sie berichteten ihm alles, was sie getan und gelehrt hatten. Und er sagt zu ihnen: Kommt, ihr allein, an einen einsamen Ort, und ruht euch ein wenig aus. Denn es war ein Kommen und Gehen, und sie hatten nicht einmal Zeit zum Essen. Und sie fuhren im Boot an einen einsamen Ort, wo sie für sich waren. Aber man sah sie wegfahren, und viele erfuhren es. Und sie liefen zu Fuss aus allen Städten dort zusammen und kamen noch vor ihnen an. Als er ausstieg, sah er die vielen Menschen, und sie taten ihm leid, denn sie waren wie Schafe, die keinen Hirten haben. Und er fing an, sie vieles zu lehren. Und als die Stunde schon vorgerückt war, traten seine Jünger zu ihm und sagten: Abgelegen ist der Ort und vorgerückt die Stunde. Schick die Leute in die umliegenden Gehöfte und Dörfer, damit sie sich etwas zu essen kaufen können. Er aber antwortete ihnen: Gebt ihr ihnen zu essen! Und sie sagen zu ihm: Sollen wir gehen und

*für zweihundert Denar Brote kaufen und ihnen zu essen geben? Er
aber sagt zu ihnen: Wie viele Brote habt ihr? Geht und seht nach! Sie
sehen nach und sagen: Fünf, und zwei Fische. Und er forderte sie auf,
sie sollten sich alle zu Tischgemeinschaften niederlassen im grünen Gras.
Und sie lagerten sich in Gruppen zu hundert und zu fünfzig. Und er
nahm die fünf Brote und die zwei Fische, blickte zum Himmel auf,
sprach den Lobpreis und brach die Brote und gab sie den Jüngern zum
Verteilen, und auch die zwei Fische teilte er für alle. Und alle assen und
wurden satt. Und sie sammelten die Brocken, zwölf Körbe voll, und
auch die Resten von den Fischen. Und es waren fünftausend Männer,
die gegessen hatten.»*

Jesus weicht in die Einsamkeit aus. Ich denke, dass Markus uns damit
sagen will, dass Jesus vor Herodes flieht. Jesu Predigt gleicht der des
Johannes, folglich ist auch Jesus in Gefahr. Um Herodes versammelt
sich die Macht-, Militär- und Geldelite. Um Jesus versammelt sich
ausser seinen Jüngern eine grosse galiläische Volksmenge. Die Menschen laufen sogar um den halben See herum, den Jesus mit dem
Schiff überquert hat. Jesus tut das Volk leid. Er fängt an, sie zu lehren
bis zum Abend. Die Lehre ist so intensiv, dass sowohl Jesus als auch
das Volk die Zeit vergessen. Plötzlich wird es dunkel. Die Jünger
denken praktisch – oder hören sie Jesus gar nicht mehr richtig zu,
weil sie denken, schon alles zu kennen? Jedenfalls sagen sie zu Jesus:
«Abgelegen ist der Ort und vorgerückt die Stunde. Schick die Leute
in die umliegenden Gehöfte und Dörfer, damit sie sich etwas zu essen
kaufen können.» Und nun weiht Jesus die Jünger und auch uns ein
in die Wirtschaftslehre des Reiches Gottes. Die Jünger kommen auf
die Idee, das Volk wegzuschicken, damit die Hungrigen sich selbst in
der Umgegend mit Nahrung versorgen. Aber wie soll das gelingen,
wo doch alle an einem einsamen Ort sind. Vielleicht erreichen die
Weggeschickten nach ein paar Kilometern den ersten Hof. Der Bauer wird erschrecken, denn er ist arm und hat selbst nichts, was er
abgeben könnte. Die Menge einfach wegzuschicken, ist keine Lösung.
Jesus hat eine andere Vorstellung davon, wie das Volk gesättigt werden
soll. Er sagt zu seinen Jüngern: «Gebt ihr ihnen zu essen!» Die Jünger

wollen daraufhin für zweihundert Denar Brot kaufen, aber für so wenig Geld werden sie nicht ausreichend Brot erhalten. Zudem ist unklar, wo denn eingekauft werden soll. Jesus denkt aber nicht daran, Brot zu kaufen, sondern daran, die vorhandenen Lebensmittel zu verteilen. Die Jünger verwahren fünf Brote und zwei Fische. Diese fünf Brote und zwei Fische gedachten sie aber selbst zu essen. Deshalb auch ihr Vorschlag, das Volk wegzuschicken. Die Sorge der Jünger um das Volk erweist sich als Sorge der Jünger um sich selbst.

Ich denke, dass das Verhalten der ersten Jünger Jesu auch bei uns heutigen Nachfolgern Jesu wieder entdeckt werden kann. In unserem Leben finden sich sicher Momente, als uns die Sorge um uns selbst persönlich, um uns selbst als Kirche und Gemeinde wichtiger war als die um andere. Da braucht man Geld für ein neues Auto, für ein undichtes Fenster, für eine besondere Reise oder für die Ausbildung der Kinder. Da renoviert die Kirche ein Gebäude, das unansehnlich geworden ist, oder ersetzt die Bestuhlung des Gottesdienstraumes durch eine bequemere. Das scheint mir alles normal und vernünftig. Aber dem Normalen und Vernünftigen setzt Jesus die Vision vom Reich Gottes gegenüber. Es könnte auch alles ganz anders sein und werden. Andere Verhältnisse sind denkbar. In unserem Text sagt Jesus: «Gebt ihr ihnen zu essen!» Es hilft nichts, weiter nach dem Markt zu schauen, um für zweihundert Denar Essen zu kaufen oder das Volk selbst auszuschicken, um sich Nahrung zu «ermarkten». Die Idee der Jünger erinnert an die Schweiz von heute und den Slogan vom Markt ohne Adjektiv. Einige neoliberale Politiker propagieren diesen Markt ohne Adjektiv. Das Schweizer Wirtschaftssystem soll keine soziale Marktwirtschaft mehr sein, sondern eine Marktwirtschaft – d. h. eine völlig ungehemmte und ungeregelte. Schon jetzt ist es aber so, dass die Schere zwischen armen und reichen Schweizern ständig weiter auseinanderklafft und immer mehr Menschen in die Armut abrutschen. Weltweit betrachtet, klafft die Schere zwischen Armen und Reichen noch viel weiter auseinander. Der Markt allein, ohne soziale Verantwortung, kann es offensichtlich nicht richten. Jesus vertraut dem Markt nicht.

Er nimmt die fünf Brote und die zwei Fische, dankt, bricht die Brote und gibt Brot und Fisch an die Jünger, die sie unter die ganze Volksmenge austeilen. Fünf Brote und zwei Fische – zwei und fünf sind sieben. Sieben ist biblisch gesprochen die Zahl der Fülle. Am siebten Schöpfungstag war alles vollbracht und Gott ruhte von seinem Werk aus. Fünf Brote und zwei Fische, d. h. die Fülle an Brot und Fisch. Die Fülle ist vorhanden. Gottes Schöpfung ist gut und hält für uns Menschen die Fülle bereit. Pflanzen, Samen, Korn, Bäume, Früchte, Vögel, Tiere, Kriechtiere, Fische und Vieh, alles ist reichlich vorhanden. Der volle Gabentisch, den die Landfrauen hier in der Kirche aufgebaut haben, bietet eine kleine Auswahl der Fülle, die Gott für uns bereitet hat. Alles ist in Fülle vorhanden – für alle. Jesus verteilt das Vorhandene und alle fünftausend Männer werden satt, die Frauen und Kinder nicht eingerechnet. Das ist die Wirtschaftslehre des Reiches Gottes. Jesus nimmt diese Wirtschaftslehre des Reiches Gottes vorweg, wendet sie an, gibt uns ein Zeichen, wie es ist, wenn Gott herrscht. Gott hat bereits alles für alle gegeben. Wenn Gottes Wille sich durchgesetzt hat, wird all das Gegebene an alle verteilt – und es wird noch übrig sein. Darum bitten wir im Unservater: dein Wille geschehe. Wir können die zeichenhafte Speisung von fünftausend Männern mit fünf Broten und zwei Fischen nicht wiederholen. Die Gottesherrschaft wird von Gott durchgesetzt werden, nicht von uns. Alle menschlichen Versuche, das Reich Gottes auf Erden zu verwirklichen, sind bisher kläglich gescheitert – vom sogenannten tausendjährigen Reich, das die Täufer im 16. Jahrhundert im westfälischen Münster errichten wollten, bis zum Sozialismus osteuropäischer Prägung.

Aber auch wir können Zeichen geben, die auf das Reich Gottes verweisen. Zum Beispiel durch unsere Gaben für das kirchliche Hilfswerk Brot für alle. Oder dadurch, dass sich Christen in politischen Parteien mit Sachverstand für eine gerechtere Welt einsetzen. In der Hoffnung auf das Reich Gottes ist eine bessere Welt für alle heute schon möglich. Es kommt nur darauf an, die von Gott gegebene Fülle an alle zu verteilen. Amen.

MORGENRÖTE DER GERECHTIGKEIT

«Bedeutet es nicht, dem Hungrigen dein Brot zu brechen
und dass du Arme, Obdachlose ins Haus bringst?
Wenn du einen Nackten siehst, dann bedeck ihn,
und deinen Brüdern sollst du dich nicht entziehen!
Dann wird dein Licht hervorbrechen wie das Morgenrot
und rasch wird deine Heilung gedeihen,
vor dir her zieht deine Gerechtigkeit
und deine Nachhut ist die Herrlichkeit des HERRN.»　　　　Jesaja 58,7–8

Licht bricht herein wie Morgenrot
rasche Heilung soll geschehen
Gerechtigkeit wird dienen als Geleit

Worte der Verheissung
spricht der Prophet Jesaja
er beruft sich
auf den Mund des HERRN
doch Gott stellt Bedingungen
er fordert konsequentes Handeln

welcher Mensch wird nicht
kläglich daran scheitern
in kalter Nacht von Leid
erstarrt die ungerechte Welt
Hoffnungsfunken drohen
einsam zu verglimmen

ein scheues Licht
Vorschein von Gottes Heil
verkündet Morgendämmerung
Jesus trotzt dem Dunkel

seine lichten Taten
lösen die Erstarrung
bezeugen ihn
als befreiende Kraft aus Gott
die sich die Nacht
von Leid und Unvermögen
ganz zu eigen macht

strahlen nicht seine Wunder
als tröstende Lichter am Weg
verheissungsvolle Vorzeichen
von Gottes neuer Welt
irritierend und
ermutigend zugleich
Gott in diesem Licht zu suchen
den Aufbruch zu wagen
vertrauensvoll zu handeln
damit ein Schimmer
von Frieden und Heilung
heute schon hervorbricht
bis Gottes Morgenröte
die letzte Finsternis vertreibt

August 2009

BILD VII: DIE DORNENKRONE JESU

«Dann ziehen sie ihm einen Purpurmantel an
und setzen ihm eine Dornenkrone auf,
die sie geflochten haben.» Markus 15,17

Lukas 23,33–49 *Karfreitag 2005*

«Und als sie an den Ort kamen, der Schädelstätte genannt wird,
kreuzigten sie ihn und die Verbrecher, den einen zur Rechten, den
anderen zur Linken. Und Jesus sprach: Vater, vergib ihnen! Denn
sie wissen nicht, was sie tun. Sie aber teilten seine Kleider unter sich
und warfen das Los darüber. Und das Volk stand dabei und sah zu.
Und auch die vornehmen Leute spotteten: Andere hat er gerettet,
er rette jetzt sich selbst, wenn er doch der Gesalbte Gottes ist, der
Auserwählte. Und auch die Soldaten machten sich lustig über ihn; sie
traten vor ihn hin, reichten ihm Essig und sagten: Wenn du der König
der Juden bist, dann rette dich selbst! Es war auch eine Inschrift über
ihm angebracht: Dies ist der König der Juden. Einer aber von den
Verbrechern, die am Kreuz hingen, verhöhnte ihn und sagte: Bist du
nicht der Gesalbte? Rette dich und uns! Da fuhr ihn der andere an und
hielt ihm entgegen: Fürchtest du Gott nicht einmal jetzt, da du vom
gleichen Urteil betroffen bist? Wir allerdings sind es zu Recht, denn
wir empfangen, was unsere Taten verdienen; dieser aber hat nichts
Unrechtes getan. Und er sagte: Jesus, denk an mich, wenn du in dein
Reich kommst. Und er sagte zu ihm: Amen, ich sage dir: Heute noch
wirst du mit mir im Paradies sein. Und es war schon um die sechste
Stunde, und eine Finsternis kam über das ganze Land bis zur neunten
Stunde, und die Sonne verfinsterte sich; und der Vorhang im Tempel
riss mitten entzwei. Und Jesus rief mit lauter Stimme: Vater, in deine
Hände lege ich meinen Geist. Mit diesen Worten verschied er. Als aber
der Hauptmann sah, was da geschah, pries er Gott und sagte: Dieser
Mensch war tatsächlich ein Gerechter! Und alle, die sich zu diesem
Schauspiel zusammengefunden und gesehen hatten, was da geschah,
schlugen sich an die Brust und gingen nach Hause. Alle aber, die ihn

kannten, standen in einiger Entfernung, auch die Frauen, die ihm aus Galiläa gefolgt waren, und sahen alles.»

Liebe Gemeinde,
der lukanische Bericht vom Tod Jesu weist eine Besonderheit auf gegenüber den Berichten aus den anderen Evangelien. Wir haben uns daran gewöhnt, Jesu Sterben als Sühnopfer für unsere Schuld zu verstehen. Besonders Paulus, aber auch der Hebräerbrief, die anderen Evangelien und weitere Texte des Neuen Testaments interpretieren Jesu Tod in diesem Sinn. Bei Lukas jedoch spielt die Vorstellung, dass Jesu Tod sühnende Wirkung hat, nur eine ganz untergeordnete Rolle. Lukas setzt einen anderen Akzent. Er versteht Jesu Tod als das Sterben eines Gerechten, demzufolge den Menschen die Augen geöffnet werden mit dem Ziel von Busse und Umkehr. Ich möchte in der Predigt Lukas auf dieser Linie folgen.

Lukas führt uns mehrere Personen und Personengruppen vor, die auf Jesu Kreuzigung und Tod reagieren. Betrachten wir zunächst die Reaktion auf Jesu Kreuzigung. Die Oberen, die Soldaten und das Volk verspotten Jesus und fordern ihn auf: Rette dich selbst. Der eine Übeltäter lästert. Der zweite Übeltäter erkennt, dass Jesus als Gerechter stirbt, und bittet um Teilhabe an seinem Reich.

Nach Jesu Tod ändert sich das Verhalten der Anwesenden. Das Volk schlägt sich reumütig an die Brust, weil es jetzt erkennt, dass hier ein Unschuldiger starb. Dem Hauptmann wird jetzt plötzlich klar: «Dieser Mensch war tatsächlich ein Gerechter!» Jesu Bekannte und die Frauen aus Galiläa stehen etwas abseits, ohne zu reagieren. Jesu Tod, der Tod eines Gerechten, öffnet dem römischen Hauptmann und dem Volk die Augen. Ihre Reaktion: Busse, Umkehr, Reue.

Im Hintergrund der lukanischen Kreuzigungsszene steht die jüdische Märtyrertheologie, genauer das Leiden des Gerechten. Ich verlese den Bericht vom Martyrium des Eleasar, das etwa 164 v. Chr. stattfand. Zu dieser Zeit war der Tempel in Jerusalem durch heidnischen Opferkult entweiht und die hellenistischen

Machthaber verfolgten das Ziel, den jüdischen Glauben und die jüdische Kultur auszulöschen. Eleasar soll gezwungen werden, die Gebote des Gottes Israels zu übertreten und heidnisches Opferfleisch zu essen. Der Bericht lautet so:

«Unter den angesehensten Schriftgelehrten war Eleasar, ein Mann von hohem Alter und edlen Gesichtszügen. Man sperrte ihm den Mund auf und wollte ihn zwingen, Schweinefleisch zu essen. Er aber zog den ehrenvollen Tod einem Leben voll Schande vor, ging freiwillig auf die Folterbank zu und spuckte das Fleisch wieder aus. In solcher Haltung mussten alle herantreten, die sich standhaft wehrten zu essen, was man nicht essen darf – nicht einmal um des geliebten Lebens willen. Die Leute, die bei dem gesetzwidrigen Opfermahl Dienst taten und die den Mann von früher her kannten, nahmen ihn heimlich beiseite und redeten ihm zu, er solle sich doch Fleisch holen lassen, das er essen dürfe, und es selbst zubereiten. Dann solle er tun, als ob er von dem Opferfleisch esse, wie es der König befohlen habe. Wenn er es so mache, entgehe er dem Tod; weil sie alte Freunde seien, würden sie ihn mit Nachsicht behandeln. Er aber fasste einen edlen Entschluss, wie es sich gehörte für einen Mann, der so alt und wegen seines Alters angesehen war, in Würde ergraut, der von Jugend an vorbildlich gelebt und – was noch wichtiger ist – den heiligen, von Gott gegebenen Gesetzen gehorcht hatte. So erklärte er ohne Umschweife, man solle ihn ruhig zur Unterwelt schicken. Wer so alt ist wie ich, soll sich nicht verstellen. Viele junge Leute könnten sonst glauben, Eleasar sei mit seinen neunzig Jahren noch zu der fremden Lebensart übergegangen. Wenn ich jetzt heucheln würde, um eine geringe, kurze Zeit länger zu leben, würde ich sie irreleiten, meinem Alter aber Schimpf und Schande bringen. Vielleicht könnte ich mich für den Augenblick der Bestrafung durch die Menschen entziehen; doch nie, weder lebendig noch tot, werde ich den Händen des Allherrschers entfliehen. Darum will ich jetzt wie ein Mann sterben und mich so meines Alters würdig zeigen. Der Jugend aber hinterlasse ich ein leuchtendes Beispiel, wie man mutig und mit Haltung für die ehrwürdigen und heiligen Gesetze eines schönen Todes stirbt. Nach diesen Worten ging er geradewegs zur Folterbank. Da schlug die Freundlichkeit, die ihm seine Begleiter eben noch erwiesen hatten, in Feindschaft um; denn was er gesagt hatte, hielten sie für Wahnsinn. Als man ihn zu Tod prügelte, sagte er stöhnend: Der Herr mit seiner heiligen Erkenntnis weiss, dass ich dem Tod hätte entrinnen können. Mein Körper leidet qualvoll unter den Schlägen, meine Seele aber erträgt sie mit Freuden, weil ich ihn fürchte. So starb er; durch seinen Tod hinterliess er nicht nur der Jugend, sondern den meisten aus dem Volk ein Beispiel für edle Gesinnung und ein Denkmal der Tugend.»[9]

Diese Märtyrergeschichte setzt einen deutlichen erzieherischen Akzent. Eleasar stirbt treu gegenüber Gottes Gebot, um der Jugend und dem ganzen Volk ein Beispiel zu geben. Wir haben Grund, Eleasar dankbar zu sein, denn hätte es 164 v. Chr. nicht solche Märtyrer gegeben, dann hätte der heidnische Kult sich in Jerusalem durchgesetzt. Damit wäre das Judentum verschwunden und das Christentum nie entstanden.

Ich möchte Ihnen jetzt einen zweiten Bericht vorlesen, vom Martyrium des Rabbi Chanina ben Teradjon zur Zeit des römischen Kaisers Hadrian um 120 n. Chr. Kaiser Hadrian hatte den Juden verboten, öffentlich die Tora zu studieren. Tora heisst Lehre oder Weisung und meint hier die fünf Bücher Mose, auf eine Papyrus- oder Pergamentrolle geschrieben. Hier also der Bericht: «Man fand Rabbi Chanina ben Teradjon in der hadrianischen Verfolgungszeit, wie er sass und sich mit der Tora beschäftigte und öffentlich Versammlungen abhielt, während die Torarolle auf seinem Schoss lag. Man nahm ihn, wickelte ihn in die Rolle ein, umgab ihn mit Bündeln von Weinreben und zündete damit das Feuer seines Scheiterhaufens an. Dann brachte man wollene Lappen, tauchte sie in Wasser und legte sie auf sein Herz, damit sein Leben nicht schnell entfliehen möchte. Da sagte seine Tochter zu ihm: Mein Vater, muss ich dich so sehen? Er antwortete: Wenn ich allein verbrannt würde, wäre die Sache hart für mich, jetzt, da ich verbrannt werde und die Torarolle mit mir, wird der, der den Schimpf der Torarolle ahnden wird, auch meinen Schimpf ahnden. Seine Schüler sprachen zu ihm:

Rabbi, was siehst du (als Sterbevision)? Er sprach: Die Pergamentrolle verbrennt, aber die Buchstaben fliegen davon. Sie sprachen: Öffne du deinen Mund, dass das Feuer eindringe und deine Qualen verkürze. Er antwortete: Es ist besser, dass der mein Leben nimmt, der es gegeben hat, als dass man sich selbst verderbe. Der Henker sprach zu ihm: Rabbi, wenn ich die Flammen vergrössere und die wollenen Lappen von deinem Herzen nehme, wirst du mich dann in das Leben der zukünftigen Welt bringen? Er antwortete: Ja! Schwöre es mir! Er schwur es ihm. Sofort vergrösserte er die Flammen und nahm die wollenen Lappen von seinem Herzen. Da ging eilends seine Seele aus. Auch der Henker sprang ins Feuer. Da ging eine Himmelstimme aus, welche sprach: Rabbi Chanina ben Teradjon und der Henker sind bestimmt für das Leben der zukünftigen Welt. Beim Erzählen dieser Geschichte weinte der Rabbiner und sprach: Mancher, wie der Henker, erwirbt seine Welt in einer Stunde, mancher in vielen Jahren.»[10]

Dieser Text spricht wie der erste von der Treue zu Gott, diesmal in Bezug darauf, konsequent mit der Bibel zu leben und aus ihr zu lernen. Vergleichbar mit dem lukanischen Text von Jesu Tod ist die Betonung der Wirkung des leidenden Gerechten auf einen anderen Menschen. Der Übeltäter am Kreuz neben Jesus und der Henker des Rabbi Chanina erhalten durch den leidenden Gerechten Anteil am Paradies oder an der zukünftigen Welt – was dasselbe ist. Im ersten Bericht von Eleasar war es das Hervorheben der erzieherische Wirkung des Martyriums auf andere Menschen, das vergleichbar ist mit der lukanischen Darstellung von Jesu Tod. Die Verwandtschaft der Märtyrerberichte mit der lukanischen Beschreibung von Jesu Kreuzigung ist unüberhörbar.

Lukas erzählt uns wenig vom Leiden Jesu. Nichts wird ausgeschmückt, wir erfahren nur, dass Jesus gekreuzigt wurde. Lukas betont die Reaktion, die Jesu Tod bei den Menschen hervorruft. Der römische Hauptmann und das Volk werden aufgerüttelt, der Hauptmann verherrlicht Gott, das Volk schlägt sich reuig an die Brust. Rüttelt uns der Tod Jesu, des Gerechten, noch auf oder haben wir nur Lust am Traurigsein? Kehren wir um und tun Busse oder ist Leiden und Sterben Jesu für uns nur ein System zur Vergebung unserer Schuld? Ist Karfreitag für uns schon so selbstverständlich geworden, dass unser Blick von Jesu Leiden gar nicht mehr auf heutiges Leiden fällt?

Ich habe Ihnen ein Bild (Marc Chagall, Weisse Kreuzigung) mitgebracht, in dem der Künstler das Leiden Jesu in Zusammenhang mit der zweitausendjährigen Leidensgeschichte seines Volkes stellt. Und wem fiele dabei nicht die brennende Synagoge von Lugano ein. Das Bild wurde von Marc Chagall 1938 unter dem Eindruck des Novemberpogroms in Deutschland, der sogenannten Reichspogromnacht, gemalt. Man muss kein Chagallspezialist sein, um sich in diesem Bild zurechtzufinden. Auf den aktuellen Anlass weist der rechte obere Hintergrund hin, ein Mann mit Armbinde und Schaftstiefeln, die Arme hochreissend und einen Freudensprung vollführend vor einer brennenden Synagoge. In der rechten unteren Ecke eine brennende Torarolle, ein aufgeschlagenes Buch. Von der linken Seite oben dringt ein rote Fahnen schwingender Sturmtrupp in das Bild, auch darunter Bilder der Zerstörung und Plünderung, brennende Häuser. Hier verknüpft der Künstler das Novemberpogrom mit Erinnerungen an Pogrome in Russland. Darunter ein Boot mit erschöpften Flüchtlingen. Zusätzlich werden ein paar jüdische Flüchtlinge, die nach allen Seiten fliehen, gewissermassen in Grossaufnahme gezeigt. Sie fliehen, um ihr Leben, das ihrer Kinder und ihre wenigen Habseligkeiten, aber eben auch um den Schatz, die Tora, zu retten. Dazu steht nun in der Mitte, durch einen weissen Lichtstrahl von rechts oben beleuchtet, das Kreuz Jesu. Der Gekreuzigte hat als Lendenschurz einen jüdischen Gebetsschal. Zu seinen Füssen ein Leuchter, über seinem Kopf der Titel in Hebräisch. Oberhalb, in der Luft, die klagenden Erzväter und eine Frau, wohl Rachel.

Der Gesamteindruck ist, dass hier der Gekreuzigte als Jude mit dem Schicksal seines Volkes solidarisch gesehen wird. Chagall malt das Leiden und die Unerlöstheit der Welt nicht trotz des Kreuzes Jesu, sondern mit ihm. Im Licht des Kreuzes Jesu werden die Unerlöstheit und das Leiden überall auf der Erde erkennbar.

Wie Marc Chagall, so haben auch unsere christlichen Brüder und Schwestern vor allem in Lateinamerika, Afrika und Asien in den letzten Jahrzehnten wieder neu entdeckt, dass Jesus in den Leiden des gemarterten Volkes weiterlebt. Jesu Karfreitag verlängert sich in den Jammer der Armen, Elenden und Verfolgten. Sie sind sein immerwährender Karfreitag. Ich gebe eine längere lateinamerikanische Meditation von Leonel Calderón Acuna aus Nicaragua wieder, die er 1972 schrieb. Der Titel lautet in Anlehnung an eine Stelle der Passionsgeschichte nach Johannes «Ecce Homo», «siehe, der Mensch».

«Ecce Homo»

Ecce Homo:
zur Stunde der Trostlosigkeit und des Todes,
wenn die Sonne, wie ein Eidotter am Himmel,
kaum umwölkt sich herablässt auf die entfremdende Einsamkeit,
zur Stunde der menschenleeren Stadt Jerusalem,
wo nur Radios und Fernsehschirme
Rock-and-Roll-Musik bringen
und dadurch bekanntgeben
die Verurteilung des Menschen.

Ecce Homo:
zur Stunde des Schweigens,
wenn für den zu den Dornen des Leides Verurteilten,
für den zutiefst und bitterlich Verletzten
weder Veronikas
noch Zyrenäer da sind,
auch keine Propheten,
die die blutige Geisselung beklagen,
auch keine Magdalenen mit Balsam,
die die tiefen Wunden verbinden.

Ecce Homo:
zur Stunde des Verrates,
wenn Judas durch den Mund des falschen Freundes spricht,
des falschen Bruders,
des falschen Schulkameraden.

Ecce Homo:
zur Stunde der Wundmale,
zur Stunde der Verhöhnung und der Spottrede,
wenn der Pöbel auf das verborgene Antlitz,
auf das Herz und die Würde des Christus-Menschen spucken,
wenn die Gangster als Engel verkleidet
das Golgatha vorbereiten
für den Christus-Menschen der einsamen Parkanlagen,
für den Christus-Menschen der Leprakrankenhäuser,
für den Christus-Menschen, der dahinstirbt,
umherirrend auf den Strassen des Kummers unserer Länder,
für den Christus-Menschen, der den Bombenangriffen erliegt,
unter falschen Fahnen und dem Wahlspruch des Todes.

Ecce Homo:
zur Stunde der Händewaschung,
wenn Pilatus verkleidet auftritt
und sich auf die Drehsessel der Banken setzt,
vor die Türen der Schulen,
vor die Türen der Tempel
und in den schmutzigen Büros
der Lüge und der Machenschaften.

Ecce Homo:
zur Stunde der Kreuzigung,
zur furchtbaren und entsetzlichen Stunde
der Stunde Null,
wenn alles vollbracht ist
und nur noch Galle und Essig im Mund des Martyriums bleiben,

die Instrumente der Passion auf den Reisfeldern Vietnams,
auf der grenzenlosen Explosion der Atombombe
bei Hiroshima und Nagasaki
und auf dem verheerenden Hungerfeld der Neger in Biafra.
Es bleiben nur noch die Dornenkrone und die blutbefleckten Nägel
im miserablen Operationssaal des einsamen Hospitals,
in den Betrieben der Entwürdigung,
auf den Stacheldrahtfeldern des Todes
und auf dem zierlichen Gold,
das so schön glänzt an der immerwährenden Krone des Cäsars.

Ecce Homo:
in dieser Stunde des Leides
in der Jerusalem-Stadt ohne Autos,
wo nur Plattenspieler zu hören sind,
die den Tod des Lammes verkünden,
und auch das Leid des Menschen
und die Kruzifixe der grausamen Einsamkeit
die leeren Winkel der Seele füllen.

Ecce Homo:
wenn auch die Stunde meines Kreuzes schon festgelegt ist
und ich zum Gipfel des Kalvarienberges gelange,
zum Gipfel der Verzweiflung und der Durchbohrung,
zum Golgatha der Neurose,
der Alpträume und des Delirium Tremens,
wenn die Strasse des Kreuzweges bitter, lang, allzu lang wird,
zwischen den Träumereien und den verzweifelten Reisen
zu den schrecklichen Paradiesen der falschen Vorstellungen.

Ecce Homo:
zur Stunde der Kreuzigung,
zur neunten Stunde,
der Stunde des ‹Eli, Eli, lema sabachtani?›.
Bereits alles ist schrecklicherweise vollbracht,

mein Gott!
Aus dem leidgeplagten Amerika voller Märtyrerleichen,
aus dem Hospital der Geisteskranken,
aus dem nagenden Hunger des vergessenen Campesinos,
aus meiner unheilsamen Sehnsucht:
In deine Hände empfehle ich meinen Geist!»[11]

Diese Meditation von Leonel Acuna endet – trotz allem – mit einem
Vertrauensbekenntnis nach Psalm 31, das auch der lukanische Jesus
spricht: «Vater, in deine Hände lege ich meinen Geist!» Schlimmer
noch sind die heutigen Leiden derjenigen, die keine Stimme und
kein Vertrauen mehr haben. Ich denke zum Beispiel an die geschän-
deten Kinder von Anger in Frankreich.

Ecce Homo:
zur Stunde unseres lebendigen Todes in Angers,
als wir zwischen sechs Monaten und zwölf Jahre alt waren,
als wir fünfundvierzig Kinder von neununddreissig Männern und
siebenundzwanzig Frauen –
unseren Eltern, Freunden und Verwandten –
missbraucht, geschändet, geschlagen und gequält wurden.

Auch im französischen Angers verlängert sich Jesu Karfreitag – sein
immerwährender Karfreitag. Wie das Bild von Chagall zeigt, sind
die Täter des Unrechts benennbar. Und deshalb wird nun in Angers
ein Prozess geführt. Wenn Menschen durch Menschen leiden, ist das
kein Schicksal, sondern es gibt Gründe und Ursachen. Und damit
sind wir wieder bei Lukas und seiner Darstellung der Passion Jesu.
Lukas will uns aufrütteln. Es besteht nämlich die Gefahr, dass wir
uns wie Jesu Bekannte und die Frauen aus Galiläa verhalten. Sie
sahen Jesu Leiden und Tod von ferne zu, ohne eine Reaktion zu
zeigen. Lukas will uns die Augen öffnen, damit wir den leidenden
Jesus heute – mitten unter uns – sehen. Lukas will uns ermutigen zu
der Reaktion des römischen Hauptmanns. Dass wir nämlich Gott

verherrlichen und sagen: Da leidet ein gerechter Mensch zu Unrecht. Dass wir Busse tun und Reue empfinden über das Leiden in der Welt, das zu vermeiden und zu verhindern ist. Nach Lukas starb Jesus genau dafür, und wir tun gut daran, die lukanische Stimme des Neuen Testaments in ihrer Eigenart sehr ernst zu nehmen. Amen.

9 2. Makkabäer 6,18–31, nach der Einheitsübersetzung.

10 *bAvoda Zara 18a.*

11 *Sehnsucht nach dem Fest der freien Menschen. Gebete aus Lateinamerika,* hg. v. A. Reiser u. P. G. Schönborn, Wuppertal: Jugenddienst-Verlag, 1982, 94–96.

SCHWEIGT GOTT?

«Mein, Gott, mein Gott,
warum hast du mich verlassen!»   Matthäus 27,46

warum hast du mich verlassen
stets beteten und schrien
Menschen so zu Gott
einsam in Angst und Leid
suchten nach Antwort
tasteten im Dunkel
und stiessen gegen Mauern

schwieg Gott

wie viele rufen heute
warum hast du mich verlassen
Gott, in meiner Not
und bergen einen Hoffnungsfunken
ob hinter dieser kalten
Wand von Schweigen
ein Licht, ein Gott sich fände

mein Gott, warum hast du mich verlassen
einer betete so und schrie
am Kreuz im Todesgrauen
trotz tiefster Gottverbundenheit
blieb Antwort ihm versagt
verzweifelt starb er ohne Trost
sein Schrei verhallte

und Gott schwieg

doch diesen einen Schrei
macht Gott sich ganz zu eigen
zerreisst den schweren Vorhang
des schwarzen Schweigens
nimmt Wohnung selbst im Todesdunkel
für sein Geschöpf und teilt sein Los
lässt dessen Schrei
nicht ungehört verhallen

März 2008

BILD VIII UND IX: DAS LEERE KREUZ UND DIE AUFERWECKUNG

«Erschreckt nicht!
Jesus sucht ihr, den Nazarener, den Gekreuzigten.
Er ist auferweckt worden, er ist nicht hier.»   Markus 16,6

Lesung: Lukas 24,13–35

Psalm 118,14–24[12]   *Ostern 2003*

«Meine Stärke und mein Gesang ist der HERR,
er wurde mir zur Befreiung.
Klang von Jubel und Befreiung ist in den Zelten der Gerechten.
Die Rechte des HERRN tut Mächtiges.
Die Rechte des HERRN ist erhoben,
die Rechte des HERRN tut Mächtiges.
Ich werde nicht sterben,
sondern leben und die Taten des HERRN erzählen.
Hart hat mich der HERR gezüchtigt,
aber dem Tod hat er mich nicht übergeben.
Öffnet mir die Tore der Gerechtigkeit!
Ich will durch sie eingehen,
Den HERRN will ich preisen.
Dies ist das Tor des HERRN.
Gerechte ziehen hier ein.
Ich will dich preisen,
denn du hast mich erhört
und bist mir zur Befreiung geworden.
Der Stein, den die Bauleute verwarfen,
ist zum Eckstein geworden.
Vom HERRN ist dies geschehen,
es ist ein Wunder vor unseren Augen.
Dies ist der Tag,
den der HERR gemacht hat!
Jauchzen wir und freuen wir uns in ihm!»

Liebe Gemeinde,

«Meine Stärke und mein Gesang ist der HERR, er wurde mir zur Befreiung», so fängt unser Psalmtext an. Auf den ersten Blick scheint hier ein einzelner Mensch von seinen Erfahrungen mit Gott zu reden. Aber der erste Eindruck täuscht, denn hier spricht ein ganzes Volk von seinen Erlebnissen. Mose und die Israeliten haben genauso gesungen, nachdem sie, auf der Flucht aus Ägypten, trockenen Fusses durch das Schilfmeer gezogen waren. Ebenso wird in allen jüdischen Gemeinden gesungen: «Meine Stärke und mein Gesang ist der HERR, er wurde mir zur Befreiung.» Dies geschieht seit über zweitausend Jahren jedes Jahr zum Passafest. Der grosse Lobgesang, das Hallel, bestehend aus den Psalmen 113–118, wird am Passaabend gesungen oder aufgesagt. Zu Beginn die Psalmen 113–115, am Ende 116–118. Zwischendurch isst man und erzählt die Geschichte vom Auszug aus Ägypten. Der festliche Abend schliesst mit Psalm 118, weil dieser Psalm wie kaum ein anderer das grosse Befreiungswunder beschreibt. Der Psalm erzählt aber nicht nur diese Befreiungstat des HERRN, sondern auch das zweite gewaltige Wunder in der Geschichte Israels, die Heimführung aus dem Exil in Babel. Israel bleibt nicht in der Gefangenschaft. Nein Israel «soll leben und die Taten des HERRN erzählen», wie unser Text sagt. «Der Stein, den die Bauleute verwarfen, ist zum Eckstein geworden.» D. h. so viel wie: Israel, das von den Völkern gefangen genommen und verschleppt worden war, dieses Volk hat Gott zurückgeführt nach Jerusalem auf den Berg Zion. Dort wurde Israel wie ein Eckstein fest gegründet. Dieser Eckstein wird zum Licht für die Völker werden, von Zion geht Weisung aus und Recht, wie der Prophet Jesaja sagt. Jubel und Gesang über die wunderbaren Taten des HERRN, das ist das Thema unseres Psalms. Ursprünglich wurde der Psalm als Abschluss einer Wallfahrt an den Toren des Tempels von Jerusalem gesungen. Zur Zeit Jesu war er schon fester Bestandteil der Liturgie des Passamahls.

Die ersten Christen haben einzelne Verse des Psalms auf eine neue wunderbare Befreiungstat Gottes bezogen, nämlich auf die Auferweckung Jesu von den Toten. Besonders Vers 22, der vom Eckstein handelt, war ihnen wichtig. Jesus als Eckstein, auf dem die Gemeinde gebaut wird. Gott hat durch Jesus, unseren Eckstein, Menschen aus allen Völkern der Erde in seinen Bund berufen, auch uns Heutige.

Liebe Gemeinde, was für ein gewaltiges Wunder: Gott hat Jesus auferweckt und uns in ihm erwählt und berufen. Vers 15 unseres Textes hat sich erneut als wahr erwiesen: «Die Rechte des HERRN tut Mächtiges.» Wie sollten die frühen Christen da nicht Verse des Jubelpsalms auf die neue Befreiungstat Gottes beziehen? Worin besteht nun konkret unsere Befreiung? Gott, der uns berufen hat, befreit uns erstens von der Verzweiflung über den Tod. «Tod, wo ist dein Stachel?», heisst es in einem Osterlied. Die Auferweckung Jesu gibt uns berechtigte Hoffnung darauf, dass der Tod nicht das letzte Wort haben wird. Wie hoffnungslos eine Situation auch sein mag, er bleibt unser Hirte, auch über den Tod hinaus. Gott, der uns berufen hat, befreit uns zweitens von jeglichem Götzendienst. Wir brauchen niemanden und nichts mehr anzubeten, ausser aus Dankbarkeit seinen heiligen Namen. Das ist gerade in unserer westlichen Zivilisation wichtig, in der das Herz vieler an materiellen Dingen hängt. Und woran jemandes Herz hängt, das ist sein Gott. Gott, der uns berufen hat, befreit uns drittens von unserer Eitelkeit. Nicht dauernde Selbstbespiegelung, nicht Starren auf die eigenen Leistungen, nicht Karussellfahren um den eigenen Ruhm ist der Sinn des Lebens. Gott führt uns heraus aus der Blickrichtung auf uns selbst.

Wir hörten schon im Psalm vom Ziel des befreienden Handelns Gottes: «Ich werde nicht sterben, sondern leben und die Taten des HERRN erzählen.» Darum geht es, dass wir seine Zeugen sind und nicht von uns, sondern von ihm erzählen. Von seinen grossen Wundern, die er getan hat und noch tun wird. So haben wir mit Israel zusammen allen Grund, diesen Psalm der Befreiungstaten Gottes in Dankbarkeit zu singen, zu beten oder zu hören. Unser Psalm selbst ruft zum Feiern auf: «Dies ist der Tag, den der HERR gemacht hat. Jauchzen wir und freuen uns an ihm.»

Bedeutet es deshalb, dass unser Psalm nur anlässlich besonders froher Stunden gesungen oder gebetet werden kann? Wir wissen, dass es so nicht gewesen ist. Jesus sang mit seinen Jüngern während des letzten Abendmahls den ganzen Psalm 118. Das letzte Abendmahl war ja nichts anderes als ein Passamahl, an dem auch der grosse Lobgesang, Psalm 113–118, erklang. Kaum, dass dieses Passalied über die Befreiung verhallt war, ging Jesus mit den Jüngern in den Garten Getsemani. Er hat mit seiner Gefangennahme gerechnet, die skrupellose Clique um die mächtigen Hohepriester Hannas und Kajafas hatte seinen Tod beschlossen. Sie, die Bauleute, die Führer des Volkes, hatten Jesus, den Stein, der zum Eckstein werden sollte, verworfen. Trotzdem singt Jesus vorher den Psalm der Befreiung.

Oder Martin Luther. 1530, während des Augsburger Reichstags, befindet er sich auf der Feste Coburg. Er unterliegt der Reichsacht. Starke Gruppen wollen die Protestanten verketzern, die Lage ist bedrohlich. «In der Wüste», so beschreibt Luther seine Situation in der Vorrede zur Auslegung des 118. Psalms auf der Coburg. Aber gerade in dieser Zeit der Wüste tröstet ihn sein Lieblingspsalm. Er schreibt über ihn: «dass er der meine heissen und sein muss. Denn er hat sich auch gar oft redlich um mich verdient gemacht und mir aus manchen Nöten geholfen, wo mir sonst kein Kaiser und keine Könige, Weisen, Klugen oder Heilige hätten helfen können».[13] Speziell Vers 17, «Ich werde nicht sterben, sondern leben und die Taten des HERRN erzählen», schreibt Luther sich an die Wand. Später lässt er den Vers sogar vertonen.

Oder denken wir an die jüdischen Gemeinden im christlichen Abendland während des Mittelalters. Um Ostern und Karfreitag herum waren Pogrome besonders häufig. Denn dann wurde alljährlich der verleumderische Vorwurf erhoben, die Juden seien Gottesmörder. Trotzdem sangen die Gemeinden während des Passamahls Psalm 118, das Befreiungslied, obwohl die Schergen oft schon vor der Tür standen.

Der Psalm 118, das Lied des Sieges, hat also den stärksten Trost gespendet und die meiste Kraft gegeben, gerade in Zeiten grösster Verzweiflung. Mitten in der Wüste, wie Luther sagt. Wie kommt das? Es kommt, weil Gottes Kraft gerade bei den Schwachen mächtig ist. Die unterdrückten Sklaven hat Gott aus Ägypten befreit, nicht die vornehmen Fürsten. Jesus auf dem Weg zum Kreuz, der seine Anfechtung im Garten Getsemani herausschreit, dem hat Gott Kraft gegeben, die Situation durchzustehen. Gerade in der Not, in der Angst, in der Todesgefahr, auf dem Krankenlager beweist der Psalm der Befreiung seine Kraft. Denn er erzählt uns von den Befreiungstaten des HERRN. Ich höre im Psalm, wie Gott schon befreit, gestärkt, aufgerichtet hat. Daraus erwächst mir Hoffnung, dass er es wieder tun wird. Er hat ja immer neue gewaltige Wunder getan, tut sie auch heute und wird sie weiterhin tun. Unser Befreier schläft und schlummert nicht. Er gibt uns dem Tod nicht preis, er will, dass wir leben und seine Taten erzählen. Er ist gerade nahe bei den Ängstlichen, den Leidenden, den durchs Leben Schleichenden, den Mühseligen und Beladenen. Gerade sie will er erquicken. Deshalb ist der Psalm auch für diese Menschen die stärkste Kraftquelle, denn sie verstehen aus der eigenen Erfahrung am besten, von welcher Befreiung der Psalm spricht.

Ich habe bisher noch einen Aspekt des Liedes der Befreiung unerwähnt gelassen. Der Psalm wirkt befreiend nur bei Menschen, die streitbar um Gottes Sache ringen. Jesus ging ja bewusst seinen Weg in die Konfrontation mit den Mächtigen Jerusalems. Luther kämpfte ebenfalls ganz bewusst für die Wahrheit des wieder entdeckten Evangeliums, und immerhin stritt er mit den abendländischen Herrschern seiner Zeit. Die jüdischen Gemeinden im Mittelalter stritten auf ihre Weise für Gottes Sache. Sie hielten an der Tradition fest und sangen ihren Befreiungspsalm trotz aller Unterdrückung jedes Jahr zum Passafest. Der Psalm hat vor allen den Menschen Trost gespendet und Kraft gegeben, die in Gottes Befreiungsgeschichte aktiv mitstritten. Aber, so wird vielleicht jemand einwenden: Ist das nicht ein Widerspruch? Wie können denn gerade die Mühseligen und Beladenen, die Kranken und Verzweifelten streitbar und aktiv sein? Nein, es ist kein Widerspruch, denn der erste Schritt der Streitbarkeit besteht darin, den Psalm zu beten, zu singen oder herauszuschreien. Die Erinnerung an Gottes Befreiungstaten macht Mut, vertreibt die Angst, gibt neue Kraft. Das Singen oder Beten des Psalms selbst erweist sich als erster Schritt in die Befreiungsgeschichte Gottes mit den Menschen. Befreiend handeln gehört zur christlichen Existenz dazu, denn weil wir eine starke Hoffnung haben, bieten wir allen Todesmächten auch starken Widerstand. «Ich will dir danken, denn du hast mich erhört und wurdest mir zur Befreiung.» So singt und betet Israel im Lauf der Jahrhunderte. Zusammen mit dem jüdischen Volk sind auch wir aufgerufen, in den Jubel über die Befreiungstaten Gottes einzustimmen. «Dies ist der Tag, den der HERR gemacht, jauchzen wir und freuen uns an ihm.» Aus solchem Jubel erwächst uns neuer Mut und neue Kraft zum befreienden Handeln heute. Amen.

12 Diese Predigt wurde bereits ähnlich publiziert: Uwe F. W. Bauer, «Predigt über Psalm 118,14–24». *Rosch Pina / Der Eckstein* 1 (1987), 3–7.

13 Martin Luther, *Das schöne Confitemini,* Gütersloh, 1979, 67 (WA 31/1, 65f).

HOFFNUNG GEGEN DEN TOD

alle Hoffnung erloschen
damals
Jesus ist tot
ausgeträumt
der Messiastraum
von Befreiung
gescheitert
der Rabbi aus Nazaret
mit seiner Rede
vom Gottesreich
und dann
das Unerwartete
die ver-rückte Geschichte
von der Auferweckung
das Zeugnis derer
die Jesus begegnet sind
als dem Lebendigen
die Behauptung
Jesus sei auferstanden
anstössig und befremdend
belächelt und bezweifelt
damals wie heute

hat Gott den Tod besiegt
gehandelt auch für uns
sprengt seine Liebe Raum und Zeit
Erklärung fruchtet nicht
der Glaube nur
behutsam tastend
spürt dem Geheimnis nach
das Grenzen von Erfahrung
und Denken überschreitet
doch wenn der Auferstandene
in unser Leben tritt
wenn die ver-rückte Botschaft
einbricht in diese Welt
hat Zukunft schon begonnen
auch wenn noch Dunkel herrscht
verändert ist das Jetzt
Geborgenheit trotz Zweifel
Ende wird zu Neubeginn
erfülltes Leben kann gelingen
Hoffnung gegen den Tod
strahlt auf
im Licht des Ostermorgens

April 2007

II *PREDIGTEN* ZUM LUKASEVANGELIUM

DAS ZUHÖRHERZ

Lesung: 1. Könige 3,5–9

Lukas 2,41–52

«Und seine Eltern zogen jedes Jahr zum Passafest nach Jerusalem. Auch als er zwölf Jahre alt war, gingen sie hinauf, wie es an diesem Fest der Brauch war, und verbrachten die Tage dort. Als sie heimkehrten, da blieb der junge Jesus in Jerusalem zurück, und seine Eltern merkten es nicht. Da sie meinten, er befinde sich unter den Reisenden, gingen sie eine Tagereise weit und suchten ihn unter den Verwandten und Bekannten. Und als sie ihn nicht fanden, kehrten sie nach Jerusalem zurück, um ihn zu suchen. Und es geschah nach drei Tagen, dass sie ihn fanden, wie er im Tempel mitten unter den Lehrern sass und ihnen zuhörte und Fragen stellte. Alle aber, die ihn hörten, waren verblüfft über seinen Verstand und seine Antworten. Und als sie ihn sahen, waren sie bestürzt, und seine Mutter sagte zu ihm: Kind, warum hast du uns das angetan? Dein Vater und ich haben dich mit Schmerzen gesucht. Und er sagte zu ihnen: Warum habt ihr mich gesucht? Wusstet ihr nicht, dass ich in dem, was meines Vaters ist, sein muss? Doch sie verstanden das Wort nicht, das er zu ihnen sagte. Und er zog mit ihnen hinab, zurück nach Nazaret, und war ihnen gehorsam. Und seine Mutter behielt alle diese Worte in ihrem Herzen. Und Jesus nahm zu an Weisheit und Alter und Gnade bei Gott und den Menschen.»

I

Liebe Gemeinde,

ein besonderer Text, nirgends sonst erfahren wir etwas über Jesu Jugendzeit. Ein kleiner wissbegieriger Junge fragt hundert Fragen. Er fragt die richtigen Leute, die Lehrer, die es wissen können, also die Schriftgelehrten oder die Gesetzeslehrer, wie Lukas sie meist nennt. In Räumen der grossen Tempelanlage Jerusalems kamen sie täglich zusammen, um die Auslegung des Gesetzes Gottes zu diskutieren. Jesu Lehrer sind jedoch keine Rechtsanwälte, denn Gesetz bedeutet in der Bibel etwas anderes als bei uns heute. Gesetz meint nicht nur verbindliche Vorschrift, sondern auch alles darum herum, die ganze Geschichte des ersten Bundes, also was wir heute Altes Testament nennen und was für die ersten Christen die Heilige Schrift war. Das Gesetz, besser die Weisung oder Tora handelt nicht nur davon, was uns geboten ist, sondern auch davon, was uns angeboten ist. Durch das Gesetz erfahren wir, worum es geht und wohin unser Weg führt. Durch die Weisung können wir wissen, woher wir kommen und wer zu uns kam. Die Tora, das ist die Geschichte von Adam und Abraham, von Isaak und Jakob, von Mose und Mirijam, von den Königen und den Propheten. All die Erzählungen des Buches der Tora, die dem jüdischen Volk so wertvoll sind. All diese Erzählungen in jüdischer Sprache.

Der jüdische Junge mit Namen Jesus kann nicht genug davon hören. Er ist zwölf Jahre alt und er weiss schon einiges, denn er sass im Lehrhaus in Nazaret. Dort in Nazaret durfte er in der Synagoge schon vorlesen aus dem Buch der Tora, laut, ohne sich zu verhaspeln. Sohn des Gesetzes, Bar-Mizwa, wurde er genannt, wie jeder jüdische Junge mit zwölf oder dreizehn Jahren. Ab diesem Zeitpunkt war Jesus in religiösen Angelegenheiten voll verantwortlich, so wie bei uns in der Kirchengemeinde die Jugendlichen ab der Konfirmation. Dieser zwölfjährige Sohn des Gesetzes bleibt nach dem Passafest im Jerusalemer Tempel, während seine Eltern sich auf den Heimweg machen. Und er sagt, als Maria und Josef in endlich finden, dass er in dem sein müsse, was seines Vaters sei.

II

Wer ist dieser jüdische Junge, dieser Sohn der Weisung, und wer wird der erwachsene Mann Jesus sein? Unsere Tradition kennt Antworten. Jesus ist Sohn Gottes, Menschensohn, Retter, Herr oder Sohn Davids. Picken wir den ersten und den letzten Titel heraus. Als Sohn Davids muss Jesus in Jerusalem sein, in der Stadt Davids, die zugleich die Stadt der Verheissung an David ist. Die Verheissung lautet, dass Davids Königtum der Ruhe für Israel für immer bestehen wird (2. Samuel 7). Jesus, der Sohn Davids, tritt das Erbe an.

Gerade so, als jüdischer Mensch, als jüdischer Erbe des Davidsthrons, ist Jesus, was die Kirche von ihm bekennt: Sohn Gottes.

III

Um bei dem jüdischen Menschen Jesus, dem Sohn der Weisung, zu bleiben, komme ich zurück zum Lehrgespräch im Tempel. Ich möchte uns Christen heute vergleichen mit den Teilnehmenden am damaligen Gespräch. Zunächst mit dem jungen Jesus. Ich könnte Du zu ihm sagen, er reichte mir bis an die Schulter. Jesus stand noch am Anfang. Und indem ich mich mit ihm vergleiche, verstehe ich, was ich heute zu tun habe. Wenn ich wie Jesus im Tempel Fragen stelle, bin ich in den Dingen seines Vaters, der zugleich auch unser Vater ist. Vielleicht habe ich nicht die richtigen Fragen, aber die Heilige Schrift ist sicher die richtige Adresse. Bereits fragend, lerne ich fragen. Nicht allein für mich selbst, sondern auch für andere. Ich versuche zu verstehen, was die Bedeutung meines Lebens ist. Ich frage nach dem Sinn unseres Zusammenlebens, nach dem Warum des Leidens in der Welt, nach dem Tod, aber auch nach der Freude und der Zukunft. Der junge Jesus, der gerade Sohn der Weisung geworden war, hat es uns vorgemacht. Er hat diese Fragen an die Schrift und ihre Ausleger, die Lehrer der Weisung, gestellt. Der Vergleich mit Jesus lehrt uns, wie wichtig es ist, zu fragen.

IV

Betrachten wir das Ganze jetzt von der anderen Seite und vergleichen wir uns mit der Runde der damaligen Lehrer. Stellen wir uns vor, wir sässen im Tempel beieinander, die Schrift aufgeschlagen. Jeder von uns wäre ein solcher Schriftgelehrter. Nachdenkend sitzen wir und lesen. Dann werden die Fragen an uns gestellt. Sie kommen aus dem Mund Jesu, der seinen Weg als der Christus, als der Gesalbte und Erwählte Gottes, sucht. Werden die Lehrer der Weisung antworten? Ja, denn das müssen sie. Die Geschichte Gottes mit den Menschen muss doch weitergehen. Jesus muss doch seinen Weg finden. Die Schriftgelehrten dürfen sich nicht davonstehlen. Ihre Aufgabe ist es, alle Fragen, die an der Tagesordnung sind, ernsthaft aufzunehmen. Hieraus lernen wir etwas für unsere Situation heute. Auf die dringenden Fragen der Gegenwart müssen auch wir heute im Licht der Schrift antworten, damit Gottes Geschichte mit uns als Kirche weitergehen kann.

Ich habe jetzt das damalige Lehrgespräch von der Seite Jesu und der seiner Lehrer betrachtet. Im Lesen und Erforschen der Schrift, in Frage und Antwort, war Jesus in dem, was seines Vaters ist. Und genauso sind wir es auch heute. Wenn Jesus sagt, er müsse in dem sein, was seines Vaters ist, denken Sie vielleicht zunächst an den Tempel. Der Tempel in Jerusalem existiert schon lange nicht mehr und in ihn können wir nicht gehen. Mit den Dingen des Vaters meint Jesus auch nicht den Tempel in Jerusalem, sondern das Lehrgespräch, Frage und Antwort über die wichtigen Angelegenheiten des Lebens im Licht der Heiligen Schrift. Die Schrift hat das Heiligtum in Jerusalem ersetzt.

Aber oftmals möchten wir keine Fragen oder gar Zweifel haben. Wir haben uns an uns selbst gewöhnt, an den Gang der Welt, an die ungerechten Verhältnisse, an den Glauben an Gott. Wir wollen nicht beunruhigt werden und doch geschieht das schnell. Eine heimtückische Krankheit stellt sich ein, ein Arbeitsplatz geht verloren, eine Ehe zerbricht. Plötzlich fallen wir durch das Netz, geraten in Verwirrung, schämen uns, brechen durch das dünne Eis unseres schwachen Glaubens. Plötzlich sind wir weit von Gott entfernt und wissen den Weg zu ihm nicht mehr.

Das Eigenartige ist aber, dass wir gerade dann ganz dicht bei ihm sind. Da gerade ist uns der Herr nahe gekommen, in Beunruhigung und Unwissenheit. Jesus ging nicht in den Tempel, weil er sich in allem sicher war, weil er schon alles wusste. Zwar wusste er viel, und alle entsetzten sich über sein Wissen, aber er ging zu den Schriftgelehrten, um in dem zu sein, was seines Vaters ist. Er wollte gemeinsam fragen und gemeinsam Antworten suchen bei Mose und den Propheten.

V

Das Verlangen nach Weisheit trieb Jesus in den Tempel. An dieser Weisheit nahm Jesus, zurückgekehrt nach Nazaret, beständig zu, wie es im letzten Vers unseres Textes heisst. Hat Jesus sich den König Salomo zum Vorbild genommen, der Gott um Weisheit bat, um ein Herz, das hört? «So gib deinem Diener ein Herz, das hört, damit er deinem Volk Recht verschaffen und unterscheiden kann zwischen Gut und Böse.» (1. Könige 3,9) Dafür spricht, dass die Schrift uns beide, Jesus und Salomo, als Söhne Davids vorstellt. Salomo bittet um Weisheit zur Leitung seines Volkes, und Weisheit heisst so viel wie ein hörendes Herz haben. Ein Zuhörherz. Ein Zuhörherz brauchen wir, um die wahren Fragen und Nöte der Menschen zu verstehen sowie die Fragen des Himmels darin zu hören. Denn Gott spricht zu uns in den Anliegen von Menschen. Und um gut und schlecht zu unterscheiden, gilt es, besser nicht vorschnell zu reden, sondern erst einmal zu hören. Darauf kommt es an: Ein offenes Ohr zu haben für die menschliche Stimme Gottes, für das Seufzen der ganzen Kreatur. Aus dem Zuhören erwachsen Fragen, die vielleicht nach dem gemeinsamen Gespräch über der Schrift eine Antwort finden. Der Zwölfjährige gibt uns ein Beispiel. Nach der Diskussion mit den Lehrern im Tempel von Jerusalem spricht der Predigttext von Jesu Weisheit, seinem Zuhörherz. Jesus wächst an Weisheit gerade durch das Lehrgespräch über die Tora. Bibellektüre in der Gemeinde, gemeinsames Gespräch in Frage und Antwort sind der erste Schritt zu einem Herz, das hört. Auch für uns. Amen.

KEIN HERZ AUS SCHNEE[14]

strahlend weiss
erhaben fern
kühl unnahbar
federleicht flüchtig

    eine höhere Macht
    unverbindlich auf Distanz
    mit Herz aus Schnee
    ein cooler Gott

wo bleibt das Rot
es fehlen Glut und Wärme
lebloser Gott
jenseits von Liebe und Leid

    ich glaube an einen Gott
    der mit Herzblut
    meine Nähe sucht
    mein Gott ist nicht cool

Menschenherz aus Schnee
als zu leicht befunden
trügerisches Blenden
innen kalt und tot

    Gottes Hauch lässt tauen
    verwandelt coole Herzen
    ein warmes Herz beginnt zu pochen
    lebt liebt fragt nach hört hin

Juni 2009

---

14 Die Metapher «Herz aus Schnee» stammt aus Mercè Rodoreda, *Auf der Plaça del Diamant,* Frankfurt a. M. 1984, 164.

EIN TOTER STEHT AUF

Lesung: 1. Könige 17,17–24

Lukas 7,11–17

«Und danach geschah es, dass er in eine Stadt mit Namen Nain ging, und seine Jünger und viel Volk gingen mit ihm. Als er sich dem Stadttor näherte, da wurde gerade ein Toter herausgetragen, der einzige Sohn seiner Mutter, und sie war Witwe. Und zahlreiches Volk aus der Stadt war mit ihr. Und als der Herr sie sah, wurde er innerlich bewegt über sie und sagte zu ihr: Weine nicht! Und er trat hinzu und rührte die Bahre an, die Träger aber standen still; und er sprach: Jüngling, ich sage dir, steh auf! Und der Tote richtete sich auf und fing an zu reden. Und er gab ihn seiner Mutter. Furcht ergriff alle, und sie priesen Gott und sagten: Ein grosser Prophet ist unter uns aufgestanden, und: Gott hat sein Volk besucht. Und diese Rede über ihn ging aus in ganz Judäa und in der ganzen Umgegend.»[15]

I

Liebe Gemeinde,

die Botschaft dieser Erzählung scheint einfach und eindeutig: Jesus erweckt einen Toten. Und doch erschliesst sich der Text nicht sofort. Die Ursache dafür ist, dass die Erzählung gegen unsere Erfahrung spricht. Wir wissen, dass Tote nicht wieder lebendig werden. Der Tod in der Familie, in der Nachbarschaft oder im Wohnort ist eine allgegenwärtige und unwiderrufliche Realität. Ebenso der Unfalltod, wie er sich täglich auf den Strassen oder sogar auf dem Schulweg der Kinder ereignet. Auch der Tod durch terroristische Gewalt bestimmt unsere Wirklichkeit stark – wie zuletzt bei dem verheerenden Bombenanschlag auf Bali. Kann die Auferweckung des Jünglings von Nain angesichts dieser allgegenwärtigen Wirklichkeit des Todes ein Gegengewicht der Hoffnung sein? Kann diese Erzählung uns heute im Gedenken an die Verstorbenen unserer Gemeinde trösten? Dieser Frage möchte ich mit ihnen zusammen nachgehen.

Hilfreich für das Verständnis der Wundergeschichte ist zunächst, Klarheit darüber zu gewinnen, was der Evangelist mit seiner Erzählung erreichen will. Wie ich es sehe, verfolgt Lukas vor allem ein Ziel: Angesichts der Auferweckung des toten Jünglings möchte Lukas, dass auch uns Ehrfurcht ergreift, dass auch unser Glaube gestärkt wird und dass wir in das Bekenntnis von Vers 16 einstimmen: «Ein grosser Prophet ist unter uns aufgestanden, und: Gott hat sein Volk besucht.» Machen Sie sich also mit mir auf den Weg. Versuchen wir, Lukas zu folgen, um schliesslich mit den damaligen Zeugen des Wunders Jesu in den Lobpreis Gottes einzustimmen.

II

Was ist das überhaupt, eine Wundergeschichte? Die Evangelien enthalten eine ganze Reihe von Wundergeschichten Jesu. Jesus hat Macht über die Natur: er kann den Sturm stillen. Jesus hat Macht über die Dämonen: er kann sie austreiben und in Schweine fahren lassen, die sich die Klippen hinabstürzen. Jesus vermag, Blinden die Augen zu öffnen wie die des Bettlers Bartimäus. Am Ufer des Sees Gennesaret speist Jesus tausende mit fünf Broten und zwei Fischen. Und Jesus erweckt Tote, die Tochter des Jairus, den armen Lazarus und eben den Jüngling von Nain. Es steht ausser Frage, der Jesus, den uns die Evangelien verkünden, verfügt über aussergewöhnliche Kräfte. In Jesu Umfeld geschieht Unerhörtes. Würden wir jedoch fragen, ob sich die Wunder in einem historisch präzisen Sinn genauso ereignet haben, wie sie uns erzählt werden, verfehlten wir die Geschichten. Wundergeschichten sind Erzählungen, keine Augenzeugenberichte. Unsere heutige Wundergeschichte wurde der Totenerweckungsgeschichte des Elija nachgebildet (1. Könige 17, 17–24), die wir als Schriftlesung gehört haben. In beiden Erzählungen geht es um eine Witwe, ihren toten Sohn und sein Wieder-lebendig-Werden. Gegenüber der Elija-Erzählung enthält unsere Wundergeschichte Elemente der Steigerung. 1. Der Tote, den Elija erweckt, ist gerade erst gestorben, während der Jüngling von Nain bereits zu Grabe getragen wird. 2. Elija muss Gott erst um Hilfe bitten, Jesus handelt unmittelbar aus der Kraft Gottes heraus. 3. Elija muss sich dreimal über dem toten Kind ausstrecken, während Jesus nur die Bahre berührt und ein Wort spricht.

Wundergeschichten sind folglich sorgfältig ausgestaltete Texte. Deshalb ist es wichtig, bei jeder dieser Geschichten nach ihrer Besonderheit zu fragen. Betrachten wir die Auferweckung des Jünglings von Nain unter diesem Aspekt etwas genauer. Der einzige Sohn einer Witwe ist tot. Zweifellos ist dies eine aussergewöhnlich leidvolle Situation. Erst wurde die Frau zur Witwe und nun ist auch ihr einziger Sohn gestorben. Sie ist jetzt ganz und gar allein. Gerade trägt sie ihren Sohn zu Grabe. Der Trauerzug verlässt die Stadt Nain. Jesus tritt dem Trauerzug entgegen. Der Zug stoppt. Die Träger stehen still. Das ist es, was diese Wundergeschichte so besonders macht. Niemand tut etwas. Der Trauerzug steht reglos. Der Tote kann nichts tun. Die Mutter spricht Jesus nicht an, sie bittet um nichts. Wir hören auch nichts davon, dass sie an Jesus glaubt wie der Hauptmann von Kafarnaum in der Geschichte zuvor. Einzig ihre Tränen fliessen, und auch das erfahren wir nur aus den Worten Jesu. Der Einzige, der etwas tut, ist Jesus. Jesus ist innerlich bewegt. Er spricht zur Frau, er tritt an die Bahre, berührt sie und redet den Toten an. Der Tote wird wieder lebendig und fängt zum Beweis an zu sprechen. Jesus gibt ihn seiner Mutter zurück.

Liebe Gemeinde, diese Szene ist für uns in zweifacher Hinsicht bedeutsam. Zum einen lernen wir daraus, dass Jesus sich Menschen bedingungslos zuwendet. Gerade in seiner voraussetzungslosen Zuwendung ist er der Herr. Mit dem Hoheitstitel Herr wird Jesus deshalb in unserer Geschichte bezeichnet: «Und als der Herr sie sah, …» Jesus, der Herr, erbarmt sich über die Witwe, ohne dass sie irgendeine Vorleistung erbringt. Jesus setzt nicht einmal einen Glauben der Frau voraus. Mit anderen Worten, der Mensch ist Gott recht, so wie er ihn in seiner Not vorfindet, so wie er ist. Gott wendet sich uns zu – allein aus seiner Gnade und Barmherzigkeit heraus. Gott lässt sich von unserer menschlichen Not innerlich bewegen. Unser Gott thront nicht unbewegt über den Dingen, sondern ergreift Partei. Das wird am Verhalten Jesu gegenüber der Witwe deutlich. Denn Jesus ist uns als irdisches Vorbild für Gott gegeben. An Jesus erkennen wir Gott.

Zugleich ist Jesus aber auch ein Vorbild für uns. Jesus zeigt uns, wie ihm nachzufolgen wäre. Darauf hat Martin Luther in einer Predigt zu unserem Text aufmerksam gemacht. Luther führt aus, dass wir von Jesus lernen sollen, barmherzig zu sein. Wörtlich heisst es: «Ihr habt oft und viel gehört und hört noch täglich viel von der Liebe, dass einer dem anderen dienen soll. Aber barmherzig sein ist etwas mehr, nämlich dass man sich anderer Leute Jammer und Elend annehme. Wenn ich zum Beispiel einen armen kranken Nachbarn habe, da soll ich ihm nicht allein gern helfen, sondern sein Elend soll mich jammern, als wäre es meine eigene Sache. Wie wir hier am Herrn sehen, der ist ein fremder, unbekannter Gast. Als er aber das Elend der Witwe sieht, nimmt er sich dessen an, als wäre es sein eigener Sohn, weint mit der Mutter, tröstet sie und hilft ihr.»[16] So weit Luther, dessen gesamte Predigt sich so zusammenfassen lässt: Wer glaubt, dass Gott sich uns Menschen in Jesus barmherzig zuwendet, der wird nicht anders können, als selbst gegenüber anderen barmherzig zu sein.

Neben der bedingungslosen Zuwendung Gottes lehrt uns die Wundergeschichte von Nain noch ein Zweites. Für Gott ist nichts unmöglich. Der Gott, von dem wir glauben, dass er Himmel und Erde gemacht hat, erweckt auch Tote zum Leben. Jesus verdeutlicht uns diese Kraft Gottes, die über die üblichen Heilungen hinausgeht. Kein Mensch kann so tief fallen, dass Gott ihm nicht wieder aufhelfen könnte. Eine verzweifelte Witwe nicht und ihr verstorbener Sohn ebenfalls nicht. Und auch wir nicht, in welchem Leid, welcher Krankheit, Todesgefahr oder sonstiger Not wir uns befinden mögen. Bereits in den Psalmen finden sich viele Zeugnisse von Menschen, die Gott dafür danken, dass Gott sie aus einer grossen Bedrängnis befreit hat. So heisst es zum Beispiel in Psalm 30,4: «HERR, mein Gott, ich schrie zu dir, und du hast mich geheilt. HERR, du hast mich heraufgeholt aus dem Totenreich, zum Leben mich zurückgerufen von denen, die hinab zur Grube fuhren.» Möglicherweise hat der Sohn der Witwe Gott mit diesen Worten gedankt. Auch heute machen sich Menschen diese und ähnliche Worte zu eigen, um für die Erfahrung von Gottes Zuwendung zu danken. Zum Beispiel für die kaum noch erwartete Genesung nach einer gefährlichen Operation. Oder dafür, einen Auto- oder Fahrradunfall heil überstanden zu haben.

III

Die Bedeutung unserer Wundergeschichte liegt also in der bedingungslosen Zuwendung Jesu und im Erweis der unbegrenzten Kraft Gottes. Trotz allem bisher Gesagten haftet dem Wunder der Auferweckung des Jünglings von Nain jedoch etwas Unvollkommenes an. Und damit komme ich zu dem vielleicht entscheidenden Aspekt der Geschichte. Der Jüngling von Nain wird zwar aus dem Tod erweckt, ist aber letztlich doch irgendwann gestorben. Seine Auferweckung war eine vorläufige. Darin ähnelt er uns. Wir sind durch die Taufe mit dem Tod und der Auferweckung Jesu verbunden – auf Hoffnung hin. Hoffnung auf das, was die Bibel Reich Gottes nennt. Die Wunder, die Jesus vollbringt, sind Zeichen für das kommende Reich Gottes. Wenn Jesus den toten Jüngling von Nain auferweckt und die Tränen der weinenden Witwe stillt, zeigt er uns exemplarisch, wie die neue Welt Gottes sein wird.

Über diese neue Welt Gottes spricht die Bibel in Bildern, denn dieser Zustand entzieht sich unseren menschlichen Möglichkeiten der Beschreibung. Eines der Bilder steht in der Offenbarung des Johannes, 21,4. Dort heisst es: «Und abwischen wird er jede Träne von ihren Augen, und der Tod wird nicht mehr sein, und kein Leid, kein Geschrei, keine Mühsal wird mehr sein; denn was zuerst war, ist vergangen.» Der Tod in der Familie, in der Nachbarschaft oder in der weiteren Lebensumgebung wird nicht mehr sein. Es werden sich keine Terroristen mehr selbst in die Luft sprengen. Der Tod in der Natur – wie jetzt durch das Öl an der spanischen Atlantikküste – wird nicht mehr sein. Das weltweite Flüchtlingselend wird nicht mehr sein und auch nicht die ungerechten Verhältnisse, die es hervorbringen. Der tägliche Hungertod der ungezählten Kinder von ungezählten Müttern und Vätern wird nicht mehr sein. Es werden keine Firmen mehr zusammenbrechen und zum Verlust von tausenden von Arbeitsplätzen führen. Nicht Geld und Macht werden die Wirklichkeit bestimmen, sondern Solidarität der Menschen untereinander und Respekt vor der Andersheit des anderen.

Das Wunder Jesu in Nain bestärkt uns in der Hoffnung auf diese neue Welt Gottes. Angesichts der vielfältigen Wirklichkeit des Todes und der Bedrängnis heute versichert Jesus uns einer neuen Perspektive, die ihre Schatten in Nain schon vorauswirft.

Und deshalb sind wir eingeladen, freudig einzustimmen in das Bekenntnis der ersten Zeugen des Wunders von Nain: «Ein grosser Prophet ist unter uns aufgestanden, und: Gott hat sein Volk besucht.» In Jesus *hat* uns Gott bereits besucht. Mit dem Leben aus dem Tod hat Gott uns ein Zeichen gegeben für das, was uns erwartet, wenn Gott kommt. Wer diesem Zeichen glaubt, wird nicht anders können, als sein Leben und Tun schon jetzt am kommenden Reich Gottes auszurichten. Und das heisst heute, allen todbringenden Verhältnissen mit kühlem Kopf und heissem Herzen den Widerstand des Lebens entgegenzusetzen.

Schliesslich ist noch ein letzter Aspekt des Wunders von Nain bedeutsam. Jesus stillt die Tränen der Witwe nicht in Kafarnaum und wirkt das Wunder der Auferweckung nicht in einer unbekannten Stadt, sondern in Nain. Damit verweist uns Jesus auf Gott selbst. Nain kommt von dem hebräischen Wort *n'ym*, lieblich. Mit lieblich aber wird in Ps 135,3 der Name Gott beschrieben: «Lobt den HERRN, denn der HERR ist gut, singt seinem Namen, denn er ist lieblich.» Mit anderen Worten, in dem Ereignis von Nain zeigt sich das innerste Wesen Gottes. Amen.

---

15 Dieser Text ist eine typische Wundergeschichte, aufgebaut nach dem Schema: I Exposition (V. 11), II Begegnung mit dem «Objekt» des Wunders (V. 12f.), III Anordnung des Wunders (V. 14), IV das Wunder selbst (V. 15), V die Wirkung (V. 16f.).

16 *Luther Deutsch. Bd. 8. Die Predigten,* Göttingen ²1965, 366.

ABSCHIED

schwüle Nacht im August
fernes Wetterleuchten
Gesang der Heuschrecken
strahlender Morgen
rote Sonne am Horizont
Stille
verstummt
der fröhliche Schrei der Segler
das Lied der Amsel
scheidender Sommer
von Hochzeit und Abschied
kündet das nächtliche Zirpen
mitten im Leben
zu früh
Vergehen und Werden
Saat und Ernte
Frucht drängt zur Reife

Leben heisst
Abschied nehmen
von Kindheit
und Jugend
von lieb Gewordenem
neue Wege beschreiten
begegnen und lieben
gewinnen und verlieren
warten an Bahnhöfen
und stehen an Gräbern
schmerzliches Loslassen
Tod
doch der Horizont ist
Hoffnung
Gott spricht das letzte Wort
und sagt uns Leben zu
das keinen Abschied kennt

August 2006

NÄCHSTER SEIN UND
NÄCHSTER WERDEN

Lesung: Lukas 1,67–79

Lukas 10,25–32

Liebe Gemeinde,

kürzlich habe ich über einen Text gepredigt, den es nur im Lukas-evangelium gibt. Texte, die nur Lukas kennt, nennt man das lukanische Sondergut. Das Sondergut des Lukas enthält einige der eindrücklichsten Perikopen überhaupt, wie zum Beispiel die Erzählungen vom verlorenen Sohn, vom reichen Mann und armen Lazarus, vom Fischzug des Petrus oder vom Jüngling zu Nain. Auch der heutige Predigttext gehört zu diesem Sondergut des Lukas. Es ist die Beispielerzählung vom barmherzigen Samaritaner aus Lukas 10, die Verse 25–32. Im Text begegnet ein Wort, das fast nur Lukas gebraucht, Toragelehrter oder, wie es in den meisten Übersetzungen heisst, Gesetzeslehrer. Ein Toragelehrter ist jemand, der sich mit dem Studium der Tora beschäftigt, also mit dem, was wir meist als Altes Testament bezeichnen.

«Ein Toragelehrter erhob sich, ihn gründlich zu befragen und sprach: Lehrer, was muss ich tun, damit ich am ewigen Leben Anteil erhalten werde? Er sprach zu ihm: Was ist in der Tora geschrieben? Wie liest du? Er antwortete und sprach: Du sollst den HERRN, *deinen Gott, lieben aus deinem ganzen Herzen und mit deiner ganzen Seele und mit deiner ganzen Kraft und mit deinem ganzen Verstand und deinen Nächsten wie dich selbst. Er sprach zu ihm: Du hast richtig geantwortet, tu dies, und du wirst leben. Jener wollte aber weiter recht bekommen, und sagt darum zu Jesus: Und wer sind meine Nächsten? Jesus nahm diese Frage auf und erwiderte: Ein Mann ging von Jerusalem nach Jericho hinab und fiel Räubern in die Hände. Diese zogen ihn aus, misshandelten ihn und machten sich davon und liessen ihn halb tot liegen. Zufällig ging ein Priester jenen Weg hinab; und als er ihn sah, ging er an der*

entgegengesetzten Seite vorüber. Gleichermassen kam ein Levit an dem
Ort vorbei, sah ihn und ging an der entgegengesetzten Seite vorüber. Da
kam ein Samaritaner des Wegs, sah ihn und erbarmte sich. Er ging zu
ihm hin, verband seine Wunden, indem er Öl und Wein darauf goss,
dann hob er ihn auf sein eigenes Tier, brachte ihn in eine Herberge und
pflegte ihn dort. Am folgenden Morgen nahm er zwei Denare gab sie
dem Wirt und sprach: Umsorge ihn! Und was du mehr ausgibst, will
ich dir bezahlen, wenn ich wiederkomme. Was meinst du, welcher von
diesen dreien sei der Nächste dieses Mannes geworden, der den Räubern
in die Hände gefallen war? Er aber sprach: Der die Barmherzigkeit an
ihm tat. Jesus aber sprach zu ihm: Geh hin und tue ebenso!»

Ich möchte auf vier Aspekte dieses Textes genauer eingehen.

I JESUS UND DER TORAGELEHRTE

Die Erzählung beginnt mit einer Auseinandersetzung, denn der
Toragelehrte nimmt zunächst eine herausfordernde Haltung ein.
«Ein Toragelehrter erhob sich, ihn gründlich zu befragen.» Zwar
akzeptiert der Toragelehrte Jesus als Autorität, denn er spricht Jesus
mit dem Titel Lehrer an. Er will ihn jedoch *gründlich* befragen, mit
anderen Worten, der Toragelehrte ist kritisch gegenüber der Lehre
und der Person Jesu eingestellt. Es kommt zu einem Dialog über
die Frage, wie man Anteil am ewigen Leben erhält. Nach dem Dialog ändert sich die Haltung des Toragelehrten. War seine Haltung
am Anfang herausfordernd, will er jetzt nur noch das Gesicht wahren. Über den Toragelehrten heisst es nämlich: «Jener wollte aber
weiter recht bekommen.»

Daraufhin erzählt Jesus die Beispielerzählung vom barmherzigen
Samaritaner. Anschliessend folgt ein weiterer Dialog, der seitens des
Toragelehrten nichts Herausforderndes mehr erkennen lässt und in
dem es ihm auch nicht mehr darum geht, sein Gesicht zu wahren.
Dieser letzte kurze Dialog verläuft so: Der Toragelehrte «aber sprach:
Der die Barmherzigkeit an ihm tat. Jesus aber sprach zu ihm: Geh
hin und tue ebenso!» Jesus und der Toragelehrte begegnen sich jetzt
sozusagen auf Augenhöhe. Jesus argumentiert und der Toragelehrte

erkennt die Argumente an, weil sie überzeugend sind. Der Toragelehrte hat sich auf Jesus eingelassen und aus der Distanz ist Nähe
geworden. Im Sich-Einlassen wird der Toragelehrte verwandelt. Sich
einfach auf Jesus einlassen, das ist auch für uns immer wieder neu
nötig und hilfreich. Wer gegenüber Jesus reserviert bleibt, macht
keine Erfahrung mit ihm. Wer sich jedoch auf Jesus einlässt, braucht
wenig zu tun, genau wie der Toragelehrte. Wer sich fallen lässt, wird
aufgefangen. Wer Jesus nachfolgt, spürt sich gehalten. Wer sich gibt,
dem wird gegeben.

II TUN HEISST LEBEN

Dem Toragelehrten geht es zu Beginn der Erzählung um seinen Anteil am ewigen Leben. Ewiges Leben meint primär nicht unendliches
Leben, sondern wahres Leben. Bei ewigem Leben geht es nicht so
sehr um die Zeitdauer, sondern um die Qualität. Ewiges Leben ist ein
Leben, das schon heute in intensiver Beziehung zu Gott steht –
eine Beziehung, die den Tod überdauert. «Lehrer, was muss ich tun,
damit ich am ewigen Leben Anteil erhalte?» Der Toragelehrte kennt
die Antwort selbst. Jesus fragt ihn, was in der Tora stehe und wie er
lese. Diese Doppelfrage ist so zu verstehen: Was steht in der Tora
und wie fasst du das Wichtigste zur Frage nach dem ewigen Leben
zusammen? Die Antwort, die der Toragelehrte gibt, ist die richtige.
«Du sollst den HERRN, deinen Gott, lieben aus deinem ganzen Herzen und mit deiner ganzen Seele und mit deiner ganzen Kraft und
mit deinem ganzen Verstand und deinen Nächsten wie dich selbst.»
Daraufhin sagt Jesus: «Tu dies, und du wirst leben.» Hören Sie in
dieser Anordnung Jesu das, was unsere christlichen Ohren provo-
ziert? Am ewigen Leben hat ein Mensch Anteil, indem er etwas tut,
nicht indem er etwas glaubt. Wer den Gott Israels, den Vater Jesu
Christi und seinen Nächsten wirklich liebt, hat Anteil am ewigen
Leben. Ich möchte die Bedeutung des Glaubens damit nicht
relativieren. Denn als Christen haben wir unseren Zugang zu dem
Gott Israels durch den Glauben an den lebendigen Jesus Christus
in der Kraft des Heiligen Geistes. Dieser Zugang ist jedoch nicht
der einzig mögliche. Jeder Mensch, der den Gott Israels und seinen

Nächsten liebt, hat Anteil am ewigen Leben. Diese Herausforderung gegenüber uns Christen bleibt.

III DIE BEISPIELERZÄHLUNG

Der Toragelehrte stichelt noch ein wenig und fragt: «Wer sind meine Nächsten?» Jesus geht auf diese Frage ein und antwortet mit der Erzählung vom barmherzigen Samaritaner. Zunächst beschreibt Jesus die Situation: «Ein Mann ging von Jerusalem nach Jericho hinab und fiel Räubern in die Hände. Diese zogen ihn aus, misshandelten ihn und machten sich davon und liessen ihn halb tot liegen.» Die Strasse von Jerusalem hinab nach Jericho im Jordantal galt als gefährlich. Dass jemand auf dieser Strasse unter die Räuber fällt, ist nicht ungewöhnlich. Ungewöhnlich geht es jedoch weiter: «Zufällig ging ein Priester jenen Weg hinab; und als er ihn sah, ging er an der entgegengesetzten Seite vorüber.»

Oder ist das doch nicht so ungewöhnlich? Wer hätte sich nicht schon einmal dabei ertappt wegzusehen? Ich bin sicher, dass uns allen eine Situation einfällt, in der wir auswichen, statt uns etwas Unangenehmem auszusetzen. Mir selbst kommt der Eingang einer Buchhandlung in Zürich in den Sinn. Als ich die Buchhandlung zuletzt betrat, stand am Eingang links ein Obdachloser, der die Obdachlosen-Zeitung verkaufte. Weder wollte ich mich an meinem freien Tag mit den Obdachlosen in Zürich beschäftigen, noch wollte ich dem Zeitungsverkäufer sagen, dass ich keine Zeitung kaufe. Folglich wich ich auf die rechte Seite des Eingangs aus. Mit seiner Erzählung demaskiert Jesus unser tägliches Verhalten.

Ungewöhnlich ist in Jesu Erzählung nicht das Wegsehen an sich, sondern wer hier wegsieht. Es ist ein Priester, der in der Hierarchie der Tempelbediensteten oben steht. Vergleichbar vielleicht mit einem Kirchenrat. Wer eine solche, verantwortliche Position innehat, von dem erwartet man auch mehr Verantwortung. Aber der Priester geht an dem misshandelten und halb toten Mann vorbei. «Gleichermassen kam ein Levit an dem Ort vorbei, sah ihn und ging an der entgegengesetzten Seite vorüber.» Ein Levit steht in der Hierarchie der Tempelbediensteten etwas tiefer. Vergleichbar vielleicht mit einem Pfarrer oder einer Pfarrerin. Auch er geht vorüber. Dann kommt ein Samaritaner des Wegs. Samaria ist eine Landschaft nördlich von Jerusalem. Juden und Samaritaner waren zur damaligen Zeit aus religiösen und politischen Gründen schlecht aufeinander zu sprechen. Dass ausgerechnet der Samaritaner dem Verletzten hilft, ist das Anstössige der Beispielerzählung. Vergleichbar vielleicht damit, dass ein muslimischer Asylsuchender ohne Anerkennung statt eines Kirchenrates oder Pfarrers in einer Notlage hilft.

Der Samaritaner wird sofort aktiv. Er «sah ihn und erbarmte sich. Er ging zu ihm hin, verband seine Wunden, indem er Öl und Wein darauf goss, dann hob er ihn auf sein eigenes Tier, brachte ihn in eine Herberge und pflegte ihn dort.» Wie aktiv der Samaritaner ist, macht Jesus mit acht Tätigkeitswörtern deutlich: sehen, bewegt sein, gehen, verbinden, die Wunden begiessen, heben, bringen, pflegen. Vielleicht ist der Samaritaner aufgeregt oder in der Wundbehandlung ungeübt. Statt die Wunde erst mit Wein auszuwaschen und dann mit Öl zu versorgen geht, er umgekehrt vor. Schliesslich ist der Verletzte jedoch versorgt und bei einem Wirt in Pflege gegeben. Das Verhalten des Samaritaners ist vorbildlich.

IV NÄCHSTER SEIN UND NÄCHSTER WERDEN

Die Ausgangsfrage des Toragelehrten lautete: «Wer sind meine Nächsten?» Nachdem Jesus die Geschichte vom barmherzigen Samaritaner erzählt hat, kommt er auf diese Frage des Toragelehrten zurück. «Was meinst du, welcher von diesen dreien sei der Nächste dieses Mannes geworden, der den Räubern in die Hände gefallen war?» Die Formulierung, die Jesus gebraucht, ist sehr ungewöhnlich. Ich denke, die meisten von uns haben die Beispielgeschichte bisher anders verstanden, als Jesus sie nun interpretiert. Wahrscheinlich verstanden Sie die Erzählung bisher so: Der Priester, der Levit und der Samaritaner haben einen Nächsten, eben den schwer verwundeten Mann auf der Strasse nach Jericho. Der Nächste ist ein passives Opfer. Und so stellen wir uns vielleicht einen Nächsten vor. Als eine bedürftige Person, für die ich etwas tun muss. Jesus jedoch kehrt den Gedanken um. Nicht der verletzte Mann ist der Nächste für den Samaritaner, sondern umgekehrt: Der Samaritaner wird zum Nächsten für den Verwundeten. Nächster sein ist folglich eine Aktivität. Nächster sein, heisst sich erbarmen und handeln. So wie der Samaritaner, der acht Tätigkeiten an dem verrichtete, der unter die Räuber gefallen war.

An dieser Stelle der Auslegung des Textes vom barmherzigen Samaritaner stehen wir nun kurz davor, alles misszuverstehen. Nämlich so, als erhöbe Jesus den moralischen Zeigefinger und spornte uns zu allerlei Anstrengungen an. So, als sollten wir immer mehr tun, uns engagieren und helfen, wo es geht. So, als müssten wir uns beweisen, so, als müssten wir uns mit unserem Tun vor Gott rechtfertigen. Dass dem nicht so ist, zeigt eines der Tätigkeitswörter, mit denen das Tun des Samaritaners beschrieben wird. Er erbarmte sich. Exakt mit dieser Formulierung beschreibt der Evangelist auch das, was Jesus während seines irdischen Wirkens tat. Etwa als man den toten Jüngling von Nain gerade aus der Stadt hinaus trägt, um ihn zu bestatten. «Er war der einzige Sohn seiner Mutter, einer Witwe.» Als Jesus die Frau sieht, erbarmt er sich ihrer und erweckt den toten Jungen zum Leben. Oder am Anfang des Lukasevangeliums, wo es im Lobgesang der Maria und des Zacharias heisst, dass Gott uns in seiner Barmherzigkeit eine Macht des Heils gegeben hat, eben Jesus den Erwählten. In Jesu irdischem Wirken, in seinem Tod und in seinem Leben erbarmt sich Gott unser. Und weil Gott uns in seinem Sohn Jesus schon zum Nächsten geworden ist, weil wir schon geheilt, befreit und ermutigt sind, deshalb dürfen wir anderen in der Kraft des Heiligen Geistes zum Nächsten werden. Nicht aus Pflicht, sondern aus Dank. Amen.

KEINE BERÜHRUNGSANGST

*«Und es geschah, als er in einer der Städte war, dass auf einmal ein Mann erschien,
der über und über von Aussatz befallen war. Als er Jesus sah, fiel er auf sein Angesicht
nieder und bat ihn: Herr, wenn du willst, kannst du mich rein machen. Und der
streckte die Hand aus, berührte ihn und sprach: Ich will es, sei rein! Und sofort wich
der Aussatz von ihm.»*
Lukas 5,12–13

da kommt uns jemand in die Quere
ist bedürftig
und hofft auf unsere Hilfe
wir sehen Unrecht
doch wir schauen weg
scheuen die Berührung
schleichen uns davon
nicht verlegen
um eine Ausrede

Jesus weicht nicht aus　　　　*rasch fällt die Entscheidung*
er schaut hin　　　　*Jesus will helfen*
genau　　　　*es gibt jetzt nichts*
sein Blick hält stand　　　　*das wichtiger wäre*
dem Grauen　　　　*er bricht Tabus*
überwindet Abscheu Ekel　　　　*berührt furchtlos*
Augen der Liebe sehen　　　　*den ausgegrenzten Kranken*
das grenzenlose Leid　　　　*was kümmert ihn sein Ansehen*
die nackte Verzweiflung　　　　*die eigene Gesundheit*
da ist letzte Hoffnung　　　　*ein Mensch wird heil*
Vertrauen in den Gottgesandten　　　　*Hoffnung wird nicht enttäuscht*

Jesus
Kraft aus Gott
die beruft und befreit
wir werden kaum zu Wundertätern
selbst in deiner Spur
du verlangst nicht Heldentum
berühre uns
besiege die Berührungsangst
lass dich Gestalt gewinnen
durch unser Handeln in der Welt
wo und wann und wie es
not-wendig ist

April 2009

WIDER DIE DÄMONEN

Lesung: Exodus 34,1–10

Lukas 11,14–28

Liebe Gemeinde,

die altkirchlichen Evangelien[17] für die vier ersten Sonntage der
Passionszeit zeigen einen merkwürdigen Wechsel zwischen «dunkler» und «heller» Stimmung. Am 1. Sonntag wird das Evangelium
von der Versuchung Jesu durch Satan, den Versucher, gelesen. Es
herrscht ein dunkler Grundton vor. Am 2. Sonntag folgt das Evangelium von der Verklärung Jesu auf dem Berg. Die Grundstimmung
ist hier hell. Heute, am 3. Sonntag der Passionszeit, geht es um den
Sieg über Satan und die Dämonen. Wieder ist der Grundton eher
düster. Schliesslich folgt am 4. Sonntag mit der Speisung der fünftausend ein helles Evangelium. Das heutige Evangelium des
3. Sonntags der Passionszeit steht bei Lukas im 11. Kapitel, den
Versen 14–28:

*«Und er war dabei, einen taubstummen Dämon auszutreiben. Und es
geschah, als der Dämon ausfuhr, dass der Taubstumme zu reden begann
und Leute wunderten sich. Einige von ihnen aber sagten: Durch Beelzebul, den Fürsten der Dämonen, treibt er die Dämonen aus. Andere
forderten von ihm ein Zeichen vom Himmel, um ihn in Versuchung
zu führen. Er aber wusste, was in ihnen vorging und sagte zu ihnen:
Jedes Reich, das in sich gespalten ist, wird verwüstet, und ein Haus fällt
über das andere. Wenn nun auch der Satan in sich gespalten ist, wie
kann dann sein Reich Bestand haben? Ihr sagt ja, dass ich die Dämonen
durch Beelzebul austreibe. Wenn ich nun die Dämonen durch Beelzebul
austreibe, durch wen treiben dann eure Söhne sie aus? Darum werden
sie eure Richter sein. Wenn ich jedoch durch den Finger Gottes die
Dämonen austreibe, dann ist das Reich Gottes zu euch gelangt. Wenn
ein Starker mit Waffen in der Hand seinen Hof bewacht, ist sein Besitz*

in Sicherheit. Wenn aber ein Stärkerer ihn angreift und ihn besiegt, nimmt er ihm die Rüstung, auf die er sich verlassen hat, und verteilt die Beute. Wer nicht mit mir ist, der ist gegen mich, und wer nicht mit mir sammelt, der zerstreut. Wenn der unreine Geist aus dem Menschen ausgefahren ist, streift er durch wasserlose Gegenden, sucht Ruhe und findet sie nicht. Dann sagt er: Ich will in mein Haus zurückkehren, von wo ich herkam. Und wenn er zurückkommt, findet er es gefegt und geschmückt. Dann geht er und holt sieben weitere Geister, die schlimmer sind als er, und sie ziehen ein und lassen sich dort nieder. Und es steht um jenen Menschen am Ende schlimmer als zuvor. Und es geschah, als er das sagte, dass eine Frau aus der Menge ihre Stimme erhob und zu ihm sagte: Selig der Schoss, der dich getragen hat, und die Brüste, an denen du gesogen hast. Er aber sprach: Selig vielmehr, die das Wort Gottes hören und bewahren.»

I

Ich fühle mich durch den Anfang dieses Evangeliums ertappt und vielleicht geht es Ihnen ähnlich. Jesus ist dabei, einen taubstummen Dämon auszutreiben. Dämonen, Exorzismus, womöglich Magie – davon will ich lieber nichts hören. Dieser Jesus ist mir fremd – jedenfalls auf den ersten Blick.

II

So empfand es offensichtlich auch ein Teil der damaligen Zeugen, die sich verwunderten. Befremdet stellten sie fest: «Durch Beelzebul, den Fürsten der Dämonen, treibt er die Dämonen aus.» Diese Reaktion ist verständlich. Man beobachtet etwas, das sich nicht erklären lässt. Ein Geheimnis verunsichert, ist irgendwie verdächtig. Der Gedanke an finstere Mächte liegt nahe. Es fällt schwer, in der Dämonenaustreibung stattdessen das gute Wirken Gottes an einem Besessenen zu sehen. Noch schwerer als den damaligen Zeugen fällt es wahrscheinlich uns, denn in der Regel glauben wir aufgeklärte Menschen des 21. Jahrhunderts nicht an Dämonen und ähnliche Schattenwesen. Dadurch, dass wir nicht an Dämonen glauben, ist das Problem, für das die Dämonen stehen, jedoch noch nicht gelöst.

Um die Lösung genau dieses Problems bitten wir vielmehr jeden Sonntag im Unservater: «Erlöse uns von dem Bösen.» Das Böse als eine Macht, die von Menschen Besitz ergreift, ist es, wofür die Dämonen stehen.

Nehmen wir am Sonntag Okuli als Beispiel das Böse in unseren Augen. Die fremde Macht schleicht in deine Augen. In der Konsequenz wird die Welt dann nur noch von ihrer furchtbaren, schäbigen Seite her gesehen. An jedem Blick nimmt der Dämon teil. Dann stellt sich in deinem Leben der böse Blick ein, vielleicht ein radikal böser Blick, und die Menschen und die Dinge kommen alle böse und hässlich zu dir zurück. Eindringlich beschreibt Christa Wolf in dem Roman «Sommerstück» dieses Gesteuertwerden, das Besetzt- und Besessensein, in Bezug auf eine Frau namens Ellen: «Am allersichersten Ort hatte die fremde Macht, die Gewalt über sie gehabt hatte, sich vor ihr versteckt gehalten: in ihren Augen. So daß die fremde Macht mit meinen Augen sah, durch mich selbst, dachte Ellen.»[18]

III

Eine andere Gruppe der Zeugen von Jesu Dämonenaustreibung stört sich nicht am Phänomen an sich. Dämonen auszutreiben, ist schon in Ordnung, aber die Gelegenheit ist günstig, Jesus zu versuchen. «Gib uns ein Zeichen vom Himmel, sodass wir wissen, dass du wirklich Gottes und nicht des Satans Willen tust.»

In etwa so hatte der Satan Jesus in der Wüste versucht: «Wenn du Gottes Sohn bist, dann sag diesem Stein, er solle zu Brot werden.» (Lukas 4,3) Damals wie auch jetzt widersteht Jesus der Versuchung. Er ist nicht bereit, seine Legitimation durch irgendwelche göttlichen Machterweise zu unterstreichen. Jesus ist in dem, was er tut, *selbst* das Zeichen Gottes. Auch uns wird kein anderes Zeichen gegeben als Jesus selbst.

IV

Nur der ersten Gruppe von Skeptikern, die meinen, Jesus treibe die Dämonen mit Beelzebul aus, gibt Jesus eine Antwort: «Jedes Reich, das in sich gespalten ist, wird verwüstet, und ein Haus fällt über das andere. Wenn nun auch der Satan in sich gespalten ist, wie kann dann sein Reich Bestand haben?» Mit anderen Worten sagt Jesus Folgendes: Würde ich durch Beelzebul die übrigen Dämonen vertreiben, dann wäre das Reich des Bösen besiegt. Denn ein Reich, das innerlich zerrissen ist, kann nicht länger bestehen. Noch aber besteht das Reich des Bösen. Es gelingt nicht auf diese Weise, dass ich das Reich Satans besiege. «Wenn ich jedoch durch den Finger Gottes die Dämonen austreibe, dann ist das Reich Gottes zu euch gelangt.»

Hier haben wir ihn, den Finger Gottes. Nur an dieser einen Stelle ist davon im Neuen Testament die Rede. Mit dem Finger schrieb Gott die zehn Worte auf die steinernen Tafeln des Mose. Wir sind gewöhnt von den zehn Geboten zu sprechen, aber tatsächlich ist dort von zehn Worten die Rede. Von zehn Worten hören wir auch im Kontext der Befreiung Israels aus Ägypten. Die zehn Plagen, welche die ägyptischen Unterdrücker treffen, sind genau genommen zehn Worte Gottes. Schliesslich hören wir auch im ersten Kapitel der Bibel von zehn Schöpfungsworten Gottes. Eines dieser Worte lautet zum Beispiel: «Da sprach Gott: Es werde Licht! Und es wurde Licht.» (Genesis 1,3) Durch zehnmaliges Sprechen Gottes wurde alles geschaffen, was ist.

Das Wort Gottes ist Wort der Weisung, der Befreiung und der Schöpfung. Dieses Wort Gottes ist es, auf das die Bildrede vom Finger Gottes verweist. Wenn Jesus die Dämonen durch den Finger Gottes austreibt, dann heisst das: Jesus treibt die Dämonen durch das Wort Gottes aus. Zugespitzt durch das Wort Gottes, das Jesus selbst verkörpert. Denn in Jesus wurde das Wort Fleisch.

Die Schöpfungsgeschichte endet nach den zehn Schöpfungsworten damit, dass Gott alles sieht, was er gemacht hatte, «und sieh, es war sehr gut» (Genesis 1,31). Darum geht es beim Streit mit dem Reich Satans, des Versuchers. Wird wahr, dass alles sehr gut ist, oder setzen sich die Mächte durch, die Gottes guter Schöpfung widerstehen? Realisiert sich das Reich Gottes oder gewinnt das Reich des Widersachers die Oberhand? Sehen wir mit unseren Augen die blauen Flecken des geschlagenen Nachbarskindes oder schauen wir verstohlen weg? Verschliessen wir unsere Augen vor dem Elend der Prostitution oder unterstützen wir beispielsweise die Arbeit der Prostituiertenseelsorgerin von Basel spirituell und materiell? Öffnen wir unsere Augen für die negativen Folgen neoliberaler Politik, auf die Pfarrer Martin Cunz in der «Reformierten Presse» bezüglich seiner Evangelischen Schweizerkirche in Misiones in Argentinien aufmerksam gemacht hat, oder blicken wir nur auf uns selbst und unser Wohlergehen? So etwas meint Jesus, wenn er sagt: «Wer nicht mit mir ist, der ist gegen mich, und wer nicht mit mir sammelt, der zerstreut.»

Zerstreuen ist hier weniger harmlos gemeint, als es den Anschein hat. Jesus spricht von zerstreuen, von *skorpízo*, so wie ein Skorpion tödliches Gift zerstreut. Wer nicht mit Jesus für das Reich Gottes sammelt, der spielt allen Widersachern der guten Schöpfung Gottes direkt in die Hände.

V

Das Reich Gottes ist überall dort angekommen, wo Jesus die Dämonen mit dem Finger Gottes austreibt. Ein Dämon kann jedoch zurückkehren. Darüber spricht Jesus in einem Gleichnis. «Wenn der unreine Geist von dem Menschen ausgefahren ist, streift er durch wasserlose Gegenden, sucht Ruhe und findet sie nicht. Dann sagt er: Ich will in mein Haus zurückkehren, von wo ich herkam.» Der Dämon, um den es im heutigen Evangelium geht, ist ein Dämon, der die Sprache verstümmelt und zerstört. Denn er ist und macht taubstumm. Merkwürdigerweise werden wir heute gerade durch einen Überfluss an Wörtern betäubt und drohen zu verstummen. In unserer schnelllebigen Mediengesellschaft wird immer mehr geredet und zugleich immer weniger gesagt. Das Fernsehen mit seiner Vielzahl an Kanälen mögen manche schon nicht mehr einschalten. Kein Anruf bei einer Firma oder Institution, bei dem nicht vorgefertigte Sätze von Dienstbarkeit erklingen. Keine Zugfahrt, in der nicht Handys piepen und aufdringliche Nichtigkeiten zu hören sind. Kein Supermarkt, in dem nicht irgendein Gerede aus dem

Lautsprecher die Kunden beschallt. Wer mag da noch hören? Vor lauter Gerede drohen wir taub zu werden. Sind wir aber taub, ist die Sprache selbst in Gefahr, die unser Mensch- und Menschlichsein ausmacht. Sind wir erst betäubt und verstummen, spricht niemand mehr Worte zu niemandem. Dann ist alles nicht sehr gut, wie von Gott in seiner Schöpfung gewollt, sondern wäre sehr schlecht. Im Bild gesagt: Der taubstumme Dämon kehrt zurück und hat sein Ziel erreicht. Vor dieser Art Rückkehr der Dämonen warnt Jesus uns eindringlich.

VI

Nachdem Jesus seine Rede beendet hat, erhebt eine Frau aus der Menge ihre Stimme. Nennen wir sie mit dem mittelalterlichen Gelehrten Albertus Magnus (1193–1280) Stella. Stella spricht zu Jesus: «Selig der Schoss, der dich getragen hat, und die Brüste, an denen du gesogen hast.» Anders als die skeptischen Zeugen der Dämonenaustreibung vom Anfang des Textes stimmt Stella Jesus enthusiastisch zu. Stella, die Frau aus dem Volk, versteht Jesus besser.

Weshalb jedoch preist sie Maria, die Mutter Jesu, selig und nicht Jesus selbst? Dieser Umstand hat zu allerlei Spekulationen geführt. Oft gilt Stella als ein wenig naiv. Aufgrund dessen wird unterstellt, dass sie ihre positiven Gefühle für Jesus nur in einer konventionellen und weit verbreiteten Formulierung auszudrücken vermag. Und die Konvention besteht eben darin, die jeweilige Mutter zu preisen. In dem Fall wäre Jesu Antwort als eine Kritik an Stella zu verstehen. «Er aber sprach: Selig vielmehr, die das Wort Gottes hören und bewahren.» Mit anderen Worten sagt Jesus: «Liebe Stella, es kommt nicht darauf an, wer mich geboren und gestillt hat, sondern darauf, dass man das Wort Gottes hört und tut. Wie du weisst, sind Familienbande für mich nicht so wichtig. Erinnerst du dich nicht an meine Rede: ‹Denn wer den Willen Gottes tut, der ist mir Bruder und Schwester und Mutter.›» (Markus 3,35)

So könnte Jesu Antwort an Stella verstanden werden – und es wäre nicht die schlechteste Interpretation. Geht es jedoch wirklich nur um eine naive Stella? Vielleicht preist Stella doch bewusst Maria selig und folgt nicht nur der Konvention. Lukas ist der einzige Evangelist, bei dem Frauen andere Frauen selig preisen. Die engste Parallele zu unserer Stelle findet sich am Anfang des Lukasevangeliums. Dort ist es Elisabet, die Maria selig preist. «Ja, selig, die geglaubt hat, dass in Erfüllung geht, was ihr vom HERRN gesagt wurde.» (Lukas 1,45) Maria wird in diesem Text primär wegen ihres Glaubens selig gepriesen. Sie glaubt, was der HERR zu ihr geredet hat, was sie gehört hat. Vielleicht ist es dieser Glaube Marias, den Stella im Sinn hat und den sie teilt, wenn sie Maria selig preist. Jesu Antwort wäre, so verstanden, keine Kritik an Stellas Marienlobpreis, sondern baute darauf auf. «Selig vielmehr, die das Wort Gottes hören und bewahren.» So würde auch erklärbar, weshalb Jesus hier in der Mehrzahl spricht. Ja, gewiss, selig, du und Maria, die ihr das Wort Gottes hört, glaubt und bewahrt.

Damit schliesst sich der Kreis vom Ende zum Anfang unseres Textes. Es geht um das Hören und Bewahren des Wortes Gottes. Ein taubstummer Dämon, der einen Menschen taubstumm machte, stand dem Wort Gottes im Weg. Jesus trieb den Dämon aus, wie er auch heute den Mächten des Bösen in der Kraft des Heiligen Geistes widersteht. An der Dämonenaustreibung Jesu sind weder Zweifel angebracht, noch bedarf sie einer nachträglichen himmlischen Legitimation. Stella, die Frau aus dem Volk, hat dies als Einzige erkannt und setzt damit die Skeptiker und Zeichenforderer ins Unrecht. Sie setzt auch uns ins Unrecht, sofern wir Jesu Dämonenaustreibung als anrüchig empfinden oder Zweifel an Jesu Widerstand gegen negative Mächte hegen. Stella ist uns als Vorbild gegeben. Sie ist von der Praxis und der Lehre Jesu uneingeschränkt begeistert. Nicht Stella ist naiv, sondern ihr Glaube. Naiv, wie der der Kinder, denen Jesus das Reich Gottes zuspricht: «Wer das Reich Gottes nicht annimmt wie ein Kind, der wird nicht hineinkommen.» (Lukas 18,17) Amen.

---

17 In der katholischen und den lutherischen Kirchen sind den einzelnen Sonntagen bestimmte Evangelien zugeordnet. Diese Tradition ist in den reformierten Kirchen seit der Reformation weitgehend verloren gegangen.

18 Christa Wolf, *Sommerstück. Was bleibt,* München 2001, 140.

AUF DEM EIS

über spiegelglatte Fläche
lustvoll gleiten
freudig bewegt
in gleissendem Licht
beschwingt
federleicht
wie berauscht
von Glück
hinaus
in verlockende Weite

schnelle Fahrt über Eis
betörend schön
doch nicht ohne Tücken
Einbrüche Ausrutscher
Irrwege Schrammen
sind ständige Begleiter
Schatten gleich

wenn dichter Nebel
die Sicht verhüllt
einsame Pfade
sich verlieren
ziellos in bleigrauer Kälte
kantig scharf
Eismassen
sich bedrohlich türmen
den Ausweg versperren

Februar 2009

unheimliches Knacken
die tödliche Stille zerreist
der trügerische Boden wankt
und nicht mehr trägt
gähnende Spalten
den Blick frei geben
in verschlingende Abgründe

bleibt da nur nackte Angst

lebendiger Gott
lass uns stets
vertrauend tasten
nach deiner warmen Hand
damit sie uns geleitet
auf lichten Bahnen
und über brüchiges Eis
aufrichtet nach dem Sturz
Wunden pflegt und heilt

wenn der dunkle Schlund
vor uns aufbricht
und uns kalte Todesfinger
in eisige Fluten ziehen
lass hoffen uns und glauben
dass selbst dort
dein Arm uns noch
umfängt und trägt

DER REICHE TOR

Lesung: 2. Korinther 9,6–15

Lukas 12,13–21

Liebe Gemeinde,
der heutige Predigttext gehört zum Sondergut des Lukas. Es ist
die Geschichte vom reichen Kornbauern. Sie steht bei Lukas im
12. Kapitel, in den Versen 13–21:

*«Es sagte aber einer aus der Menge zu ihm: Lehrer, sage meinem Bruder,
er soll das Erbe mit mir teilen. Er aber sprach zu ihm: Mensch, wer hat
mich zum Richter oder Erbteiler über euch gesetzt? Er sprach zu ihnen:
Seht euch vor und hütet euch vor jeglicher Habgier! Denn wenn einer
Überfluss hat, nicht ist sein Leben aus dem Besitz. Er sagte ihnen aber
ein Gleichnis und sprach: Das Land eines reichen Menschen hatte viel
getragen. Und er überlegte bei sich selbst und sagte: Was soll ich tun?
Denn ich habe keinen Raum, wo ich meine Früchte lagern kann.*
*Und er sprach: Das werde ich tun: Ich werde meine Scheunen abbrechen
und grössere bauen, und dort werde ich all mein Getreide und meine
Vorräte lagern. Dann werde ich zu meiner Seele sagen: Seele, du hast
reichen Vorrat daliegen für viele Jahre. Ruhe dich aus, iss, trink, sei
fröhlich! Aber Gott sprach zu ihm: Du Tor! In dieser Nacht fordern sie
deine Seele von dir zurück. Was du aber zurückgelegt hast – wem wird
es gehören? So geht es dem, der für sich Schätze sammelt und nicht reich
ist vor Gott.»*

I

Der Text beginnt mit einem kurzen Dialog. Ein Mann aus der Menge wendet sich an Jesus. Nennen wir ihn Rafi. Rafi akzeptiert Jesus
als Autorität, denn er spricht ihn mit dem Titel Lehrer an. Jesus
möge doch einen Erbstreit schlichten. Rafis Bruder will das Erbe
nicht mit Rafi teilen. Jesus jedoch weist das Anliegen Rafis scharf
zurück. «Mensch, wer hat mich zum Richter oder Erbteiler über

euch gesetzt?» Die Anrede Mensch drückt vielleicht schon Jesu Unwillen gegenüber Rafis Wunsch aus. Weshalb reagiert Jesus so schroff? Was ist falsch an dem Ansinnen von Rafi? Falsch daran ist, dass es Rafi um ein falsches Teilen geht. Rafi und sein Bruder haben ein Erbe. Und nun streiten die Brüder darum, wie dieses Erbe unter den beiden Brüdern verteilt werden soll. Aber, wenn das Reich Gottes hereinbricht, wenn Gottes neue Welt anfängt, wirklich zu werden, dann ist ein anderes Verhalten nötig. Einige Verse weiter spricht Jesus deutlich aus, welches Verhalten er meint: «Sorgt euch nicht um das Leben, was ihr essen werdet, noch um den Leib, was ihr anziehen werdet. ... Trachtet nicht danach ... und lasst euch nicht irre machen. Denn nach all dem trachten die Völker der Welt. Euer Vater aber weiss, dass ihr dies braucht. Trachtet vielmehr nach seinem Reich, dann werden euch diese Dinge dazugegeben werden. ... Verkauft euren Besitz und gebt Almosen!» (12,22–33)

Rafi jedoch hat die Predigt Jesu nicht verstanden. Zwischen dem Hereinbrechen des Reiches Gottes und seinem Leben sieht er keinen Zusammenhang. Vielleicht hat er Jesu Predigt mit dem Kopf verstanden, aber nicht mit dem Herzen. Sein Herz ist mit dem Erbe beschäftigt. Aber nicht so sehr mit dem Erbe an sich, sondern mit der Tatsache, dass sein Bruder das Erbe hat. Rafi ist neidisch. Jesus geht nicht weiter auf Rafi ein, sondern warnt die anwesende Menge: «Seht euch vor und hütet euch vor jeglicher Habgier! Denn wenn einer Überfluss hat, nicht ist sein Leben aus dem Besitz.»

Das Leben wächst einem nicht aus dem Besitz zu. Ich muss bei dieser Aussage an meinen rabbinischen Lehrer denken. Er hat fünf Jahre in Auschwitz verbracht und sehr viele Juden sterben sehen. Er hat mir klar gemacht, dass Besitz oder Geld das Leben nicht rettet, und zwar in einem ganz elementaren Sinn. Kein Besitz und kein Geld der Welt konnten Juden vor der nationalsozialistischen Verfolgung retten. Die wichtigsten Dinge im Leben wie Solidarität, Mitmenschlichkeit, Liebe oder Barmherzigkeit kann man nicht kaufen. Darum geht es auch Jesus in seiner Auseinandersetzung mit Rafi.

II

Um seine Lehre zu verdeutlichen, erzählt Jesus anschliessend noch eine Beispielgeschichte. Der Evangelist spricht von einem Gleichnis, aber was Jesus erzählt, ist genau genommen kein Gleichnis. In einem Gleichnis wird ein Vergleich angestellt, zum Beispiel wird das Senfkorn mit dem Reich Gottes verglichen. Jesus stellt hier jedoch keinen Vergleich an, sondern erzählt vom Verhalten des reichen Kornbauern: «Er sagte ihnen aber ein Gleichnis und sprach: Das Land eines reichen Menschen hatte viel getragen. Und er überlegte bei sich selbst und sagte: Was soll ich tun? Denn ich habe keinen Raum, wo ich meine Früchte lagern kann.»

Bis hierher ist alles in Ordnung. Ein reicher Mann erwartet von seinem Land eine gute Ernte. Dazu ist das Land da. Es soll Früchte hervorbringen und Mensch und Tier ernähren. Reichhaltig soll das Land Früchte hervorbringen. Der reiche Kornbauer, dessen Reichtum Jesus nicht verurteilt, denkt darüber nach, was er mit der grossen Ernte anfangen soll. Und was er denkt, ist ganz vernünftig. Er hat für diese aussergewöhnlich gute Ernte keinen Platz. Und er will die Ernte nicht verderben lassen. Irgendwie muss er sich jetzt verhalten. Wer Besitz hat, muss sich darum kümmern, was damit geschieht. Das ist nicht verwerflich.

III

Dann aber fasst der reiche Mann einen problematischen Entschluss. «Und er sprach: Das werde ich tun: Ich werde meine Scheunen abbrechen und grössere bauen, und dort werde ich all mein Getreide und meine Vorräte lagern. Dann werde ich zu meiner Seele sagen können: Seele, du hast reichen Vorrat daliegen für viele Jahre. Ruhe dich aus, iss, trink, sei fröhlich!» Der Mann entschliesst sich, seine Ernte zu horten. Er ist schon reich, aber er will noch reicher werden. Er hätte seine Scheunen auch füllen können – wie jedes Jahr – und den Überschuss verschenken oder verkaufen. Mit dem Erlös aus dem Verkauf hätte er einem guten Zweck dienen können. Aber das möchte der Mann nicht. Er möchte immer mehr Besitz haben.

Immer mehr Besitz haben wollen. Das ist zugleich das Prinzip, nach dem die Wirtschaft in der globalisierten Welt funktioniert. Firmen müssen ihren Ertrag ständig steigern. Die Aktionäre wollen eine immer höhere Dividende. Wer da nicht mithalten kann, wer stehen bleibt, wird gnadenlos dem Untergang preisgegeben. Massenentlassungen sind an der Tagesordnung. Menschen werden gegeneinander ausgespielt und in die Isolation getrieben. Aber auch die Besitzenden sind isoliert. Den reichen Kornbauern macht seine Habgier einsam. Wir hören mehrmals davon, dass der Mann sagt und spricht, aber er hat keinen Gesprächspartner. Er führt ein Selbstgespräch mit seiner Seele. Er redet mit seiner Seele so, als wäre sie seine Frau, als stände sie ihm gegenüber, als lebe er in Beziehung mit ihr.

Hören Sie doch sein Selbstgespräch nochmals unter diesem Aspekt: «Dann werde ich zu meiner Seele sagen: Seele, du hast reichen Vorrat daliegen für viele Jahre. Ruhe dich aus, iss, trink, sei fröhlich!» Habgier macht einsam. Wer nur an sich denkt, kann nicht in Beziehung zu anderen stehen. Der reiche Mann hat seinen Nächsten vergessen und er hat Gott vergessen. Der Gesetzeslehrer aus Lukas 10,27, dem Jesus das Gleichnis vom barmherzigen Samaritaner erzählt, hat zumindest noch das grösste Gebot gewusst: «Du sollst den HERRN, deinen Gott, lieben aus deinem ganzen Herzen und mit deiner ganzen Seele und mit deiner ganzen Kraft und mit deinem ganzen Verstand und deinen Nächsten wie dich selbst.» Der reiche Kornbauer hingegen lebt ohne Gott und ohne den Nächsten verschlossen in sich selbst.

Das Selbstgespräch mit seiner Seele zeigt aber noch einen anderen Aspekt. Der Mann könnte sich auch ohne die neuen grösseren Scheunen ausruhen, könnte essen, trinken, fröhlich sein, denn er ist schon reich. Die Haltung des Kornbauern erinnert mich an den Touristen in einer Geschichte von Heinrich Böll. Ich lese eine Kurzfassung: Ein Fischer sitzt am Strand und blickt auf das Meer, nachdem er die Ernte seiner mühseligen Ausfahrt auf den Markt gebracht hat. Warum er nicht einen Kredit aufnehme, fragt ihn ein Tourist. Dann könne er einen Motor kaufen und das Doppelte fangen. Das brächte Geld für einen Kutter und für einen zweiten Mann ein. Zweimal täglich auf Fang, hiesse das Vierfache verdienen. Warum er eigentlich herumtrödele. Auch ein dritter Kutter wäre zu beschaffen. Das Meer könnte viel besser ausgenutzt werden, ein Stand auf dem Markt, Angestellte – dem Touristen leuchten die Augen. «Und dann?», unterbricht ihn der Fischer. «Dann brauchen Sie gar nichts mehr zu tun. Dann können Sie den ganzen Tag sitzen und glücklich auf Ihr Meer hinausblicken!» «Aber das tue ich doch jetzt schon», sagt der Fischer. Wie der Fischer am Strand hätte es der reiche Kornbauer auch machen können. Aber sein Götze ist der Besitz – den wahren Gott und den leibhaftigen Nächsten beachtet er nicht.

IV

Und nun geschieht das Überraschende. Gott spricht den Kornbauern an. «Aber Gott sprach zu ihm: Du Tor! In dieser Nacht fordern sie deine Seele von dir zurück. Was du aber zurückgelegt hast – wem wird es gehören?» Es ist nicht so sehr der Inhalt der Rede Gottes, der überrascht. Der Reiche ist ein Dummkopf, er wird in der Nacht sterben und seinen ganzen Besitz wird er in seinen Tod nicht mitnehmen können. Nein, das Überraschende und Tröstliche ist, dass Gott den in sich selbst verschlossenen Mann überhaupt anspricht. Ist der reiche Kornbauer von der Anrede Gottes beeindruckt gewesen? Hat er sich die Sache mit den neuen Scheunen noch einmal überlegt? Jesus lässt die Beispielgeschichte offen.

Und damit liegt es bei uns, auf die Geschichte zu antworten. Gott spricht uns immer wieder neu an, auch wenn wir in uns selbst verschlossen sind und unser Herz auf anderes ausgerichtet ist. Das ist tröstlich, Gott gibt niemanden auf, sucht jede und jeden. Heute, jetzt spricht Gott uns an in seinem Wort. Wie reagieren wir darauf? Ändern wir unser Leben? Besinnen wir uns für das neue Jahr auf das, was wirklich dem Leben dient? Auf das grösste Gebot: «Liebe Gott und deinen Nächsten»? Amen.

HAPPY END – TROTZ ALLEM?

«Was unmöglich ist bei Menschen, ist möglich bei Gott.» Lukas 18,27

Nachhall
einer Geschichte
ohne Happy End
Ausgang ungewiss
ein junger Mann
in Aufbruchstimmung
greifbar nah dem Gott
den er schon lange sucht
jäh taucht er wieder unter
im Dunkel der Geschichte
geht weg von Jesus
traurig
er kommt nicht los
Reichtum
heisst seine Fessel

hoch ist der Preis
für ein Leben ganz mit Gott
fordert dieser Rabbi
nicht zu viel

Besitz birgt Gefahr
doch die Ketten
haben viele Namen

Jesus warnt
erzählt das Gleichnis
vom Kamel im Nadelöhr
wer es hört erschrickt
zu drastisch scheint das Bild

da ist kein Durchkommen
wer Güter hat
bleibt auf der Strecke
Zutritt unmöglich
zu Gottes neuer Welt
die Tür fällt ins Schloss

ob Gottes Wirklichkeit
den Armen näher ist

wer ist arm
wer reich
wer wird ausgeschlossen
will Gott nicht alle
durch den Engpass führen

bei Gott ist alles möglich
zu Hoffnungsträgern
werden diese Worte

der sie gesprochen
ging voran
durchs Nadelöhr
Christus
der Befreier
er wählte Armut
alles liess er los
vertrauend bahnte er
den Weg zu Gott
für uns

Januar 2009

«STEH AUF UND GEH!»

Lesungen: Markus 1,40–45 und 1. Thessalonicher 1,2–10

Lukas 17,11–19

«Und es geschah, beim Gehen nach Jerusalem, dass er durch das Grenzgebiet von Samaria und Galiläa zog. Und als er in ein Dorf hineinging, begegneten ihm zehn aussätzige Männer. Sie blieben in einiger Entfernung stehen und sie erhoben ihre Stimme und sagten: Jesus, Meister, erbarme dich unser! Und als er sie sah, sprach er zu ihnen: Geht zeigt euch den Priestern! Und es geschah, bei ihrem Fortgehen, dass sie rein wurden. Einer von ihnen aber kehrte, als er sah, dass er geheilt war, zurück, pries Gott mit lauter Stimme, fiel ihm zu Füssen auf das Angesicht nieder und lobdankte ihm. Und das war ein Samaritaner. Jesus aber antwortete und sprach: Sind nicht zehn rein geworden? Wo sind die übrigen neun? Hat sich keiner gefunden, der zurückgekehrt wäre, um Gott die Ehre zu geben, ausser diesem Fremden? Und er sprach zu ihm: Steh auf und geh! Dein Glaube hat dich gerettet.»

Liebe Gemeinde,
plötzlich kracht es an einem ganz normalen Samstagabend laut. Der Himmel wird hell – ein Feuerwerk. Sie wissen: In der Nachbarschaft wird eine Hochzeit gefeiert. Auf sich aufmerksam macht man am besten mit etwas Spektakulärem. So hat es auch die junge christliche Gemeinde gehalten. Aber nicht mit Leuchtkörpern, sondern mit Wundergeschichten. Die Wundergeschichten hatten ein missionarisches Ziel. Sie sollten Menschen für «die des Weges sind» begeistern. «Die des Weges sind», das war die Selbstbezeichnung der christlichen Gemeinde, wie Lukas es uns in seiner Apostelgeschichte erzählt. (9,2) Ich komme darauf noch zurück.

Wundergeschichten sind alle nach einem fünfteiligen Grundschema erzählt. Dem möchte ich heute folgen. Der *erste Teil* ist die Exposition. Es wird die notwendige Hintergrundinformation gegeben. Wo ist wer wann. «Und es geschah, beim Gehen nach Jerusa-

lem, dass er durch das Grenzgebiet von Samaria und Galiläa zog.»
Jesus ist unterwegs nach Jerusalem. Er zog durch das Grenzgebiet
von Samaria und Galiläa. Diese Formulierung ist ungewöhnlich.
Der Weg nach Jerusalem führt von Galiläa über Samaria. Zu erwarten wäre, dass er durch das Grenzgebiet von Galiläa und Samaria
zog und nicht umgekehrt. Samaria wird wohl entgegen der Geogra-
fie zuerst genannt, weil damit schon das Auftreten des Samaritaners
vorbereitet wird.

Der *zweite Teil* einer Wundergeschichte ist die Begegnung Jesu
mit dem Objekt des Wunders. In unserem Fall sind das zehn Leprakranke. «Und als er in ein Dorf hineinging, begegneten ihm zehn
aussätzige Männer. Sie blieben in einiger Entfernung stehen und sie
erhoben ihre Stimme und sagten: Jesus, Meister, erbarme dich unser!»
Jesus geht in irgendein Dorf. Ihm begegnen zehn Leprakranke. Die
Zahl zehn und das Wort «begegnen» verweisen auf ein Gleichnis,
davon jedoch später. Die Kranken bleiben, wie es wegen der Anste-
ckungsgefahr vorgeschrieben ist, in einiger Entfernung stehen. Es ist
so ähnlich wie in der Apotheke im Wynecenter, in der man wegen
der Schweinegrippe einen Meter Abstand vom Bedienungspersonal
halten soll. Sie erheben ihre Stimme – eine Anstrengung für Leprakranke – und sprechen Jesus an. Respektvoll verwenden sie den Titel «Meister». Offensichtlich vermuten sie in Jesus die Kraft Gottes,
denn sie reden Jesus so an, wie in den Psalmen, aber auch bei Jesaja,
Gott angeredet wird: «Erbarme dich unser.» (Jesaja 33,2)

Im *dritten Teil* einer Wundergeschichte ordnet Jesus das Wunder
an. In unserem Fall geschieht das nur indirekt. «Und als er sie sah,
sprach er zu ihnen: Geht zeigt euch den Priestern!» Zu erwarten
wäre, dass Jesus sie hört, denn sie sprechen ja zu ihm. Aber Jesus
sieht die Leprakranken. Das entspricht dem barmherzigen Hinsehen Gottes, von dem Maria weiss: «Meine Seele erhebt den Herrn,
und mein Geist jubelt über Gott, meinen Retter, denn hingesehen
hat er auf die Niedrigkeit seiner Magd.» (Lukas 1,46–48) Abrams
Magd Hagar, die vor Abrams Frau Sarai in die Wüste flieht und
dort von Gott gefunden wird, nennt Gott sogar «El-Roi, Gott der
Sicht». «Denn sie sprach: Wahrlich, hier habe ich dem nachgesehen,

der auf mich sieht.» (Genesis 16,13) In diesem Sinn also *sieht* Jesus die Kranken. Überraschend schickt er sie, nachdem er sie gesehen hat, sofort von sich weg zu den Priestern. Sie sollen sich dort zeigen und ihre Genesung feststellen lassen. Das eigentliche Wunder kommt gar nicht zur Sprache. Den Kranken wird zugemutet, im Vertrauen auf die Worte Jesu aufzubrechen.

Im *vierten Teil* geschieht das Wunder selbst. Wie in den meisten Wundergeschichten ist davon in unserem Text nur knapp die Rede. «Und es geschah, bei ihrem Fortgehen, dass sie rein wurden.» Auf die Worte Jesus vertrauend, machen sich die Leprakranken auf den Weg, um sich den Priestern zu zeigen. Auf dem Weg werden sie rein. Es ist nicht klar, wie es zu dem Wunder kommt. Bewirkt Jesus das Wunder in der Kraft Gottes? Sozusagen als Fernheilung? Oder ist das Vertrauen der Leprakranken so stark, dass sie sich autosuggestiv heilen? Vielleicht liegt die Wahrheit irgendwo dazwischen. Wie das Wunder letztlich geschieht, ist aber gar nicht so wichtig. Denn, obwohl es sich um eine Wundergeschichte handelt, steht das Wunder selbst nicht zentral.

Im *fünften Teil* einer Wundergeschichte geht es um die Wirkung des Wunders. In unserer Wundergeschichte ist der fünfte Teil ausführlicher erzählt. So ist es in der Regel immer: einer der fünf Teile wird ausführlicher erzählt. Dadurch erhält die jeweilige Geschichte ihren spezifischen Charakter. Sonst wären die Wundergeschichten alle gleich und damit langweilig. «Einer von ihnen aber kehrte, als er sah, dass er geheilt war, zurück, pries Gott mit lauter Stimme, fiel ihm zu Füssen auf das Angesicht nieder und dankte ihm. Und das war ein Samaritaner. Jesus aber antwortete und sprach: Sind nicht zehn rein geworden? Wo sind die übrigen neun? Hat sich keiner gefunden, der zurückgekehrt wäre, um Gott die Ehre zu geben, ausser diesem Fremden? Und er sprach zu ihm: Steh auf und geh! Dein Glaube hat dich gerettet.»

Nur einer von neun kehrt zurück. Sind die anderen undankbar? Wie empfinden Sie das, liebe Gemeindemitglieder? Ich denke, dass die neun nicht undankbar sind. Sie gehen zu den Priestern und werden für rein erklärt. Dazu ist ein Ritual notwendig, das sich nach dem Buch Leviticus (14) über acht Tage hinzieht. Explizit steht davon nichts in Leviticus, aber wir können annehmen, dass die Geheilten während der acht Tage auch den einen oder anderen Dankpsalm gebetet haben. Vielleicht auch nicht, das spielt weiter keine Rolle. Die neun machen einfach, was vorgeschrieben ist. Sie verharren konsequent in ihrem religiösen System. Daran ist eigentlich nichts auszusetzen.

Aber Jesus ist unzufrieden. Warum? Um diese Frage zu beantworten, müssen wir bei dem Motiv zur Rückkehr des einen ansetzen. Weshalb kehrt er zu Jesus zurück? Er hat etwas gesehen: seine Heilung. Sein Sehen antwortet auf das Sehen Jesu. Jesus hat ja die Leprakranken gesehen, und Jesu Sehen entspricht dem barmherzigen Hinsehen Gottes, dessen Name «El-Roi, Gott der Sicht» lautet. Und der eine hat etwas verstanden. Wenn Blinde sehen, Lahme gehen, Aussätzige rein werden und Taube hören, Tote auferweckt werden und Armen das Evangelium verkündigt wird (Lukas 7,22), dann hat etwas radikal Neues begonnen, dann ist der Messias da. Deshalb preist der eine erst Gott mit lauter Stimme und fällt dann vor Jesus nieder und lobdankt ihm.

Und nun gibt uns Lukas eine weitere Information. Dieser eine, der war ein Samaritaner, ein Fremder, ein Ausländer. Das ist doppelt provokant. Ausgerechnet einer aus Samaria, mit denen man in Israel aus religiösen und politischen Gründen nichts zu tun haben will, erkennt die Messianität Jesu. Und: Die Kraft Gottes, die in Jesus wirksam ist, vermag Menschen ausserhalb des Hauses Israel, zu dem Jesus primär gesandt ist, zu begeistern.

Ausserhalb des Hauses Israel leben auch wir als christliche Gemeinde in der Schweiz. Und ich denke, dass jetzt wir in den Blick kommen, denn die Fragen, die Jesus stellt, richten sich ganz offen an alle. Aber ich greife voraus, hören Sie erst nochmals die Fragen: «Sind nicht zehn rein geworden? Wo sind die übrigen neun? Hat sich keiner gefunden, der zurückgekehrt wäre, um Gott die Ehre zu geben, ausser diesem Fremden?» Es fällt auf, dass Jesus nicht zu dem Samaritaner spricht, sondern über ihn. Seine Gesprächspartner müssen also andere sein. Dass die Jünger Jesus begleiten, wird in der Exposition der Erzählung gerade nicht gesagt. Sie werden ihn wohl trotzdem begleitet haben, aber sie kann er ja sowieso nicht meinen, denn sie sind ihm treu. Jesus spricht also ganz allgemein Menschen an, folglich auch uns heute. Und er stellt eine neue Diagnose, «nicht mehr jene der Lepra, sondern jene des stagnierenden Glaubens»[19]. Denn mit dem Glauben endet die ganze Wundergeschichte ja: «Dein Glaube hat dich gerettet.»

Wenn Jesus also ganz allgemein Menschen anspricht, dann auch uns als christliche Gemeinde hier und heute. Was ist mit eurem Glauben? In Suhr und Hunzenschwil seid ihr doch über 4000? Durch die Taufe auf meinen Namen seid ihr alle rein geworden. Wo seid ihr, was tut ihr, wer gibt Gott die Ehre? Warum ist bei euch statt des Reiches der Himmel die Kirche angebrochen? Warum ist die Begeisterung in eurer Volkskirche für mich so verhalten?

Liebe Gemeinde, wie fühlen Sie sich jetzt? Erst hörten Sie einige hoffentlich interessante Überlegungen zu einer Wundergeschichte, und jetzt sind Sie und auch ich plötzlich angeklagt. Können wir uns gegenüber Jesus verteidigen? Und wenn ja, wie? Ja wir können uns gegenüber Jesus verteidigen und bringen ein Argument zu unseren Gunsten vor und eine Bitte. «Aber Jesus, wir sind mit all unseren Mängeln heute Morgen doch da! Wir sind doch zurückgekehrt! In der Kraft des Heiligen Geistes kannst du darauf aufbauen! Wir glauben! Hilf unserem Unglauben!»

Zuletzt spricht Jesus den Samaritaner doch noch an. «Steh auf und geh! Dein Glaube hat dich gerettet.» Es gibt in dieser Wundergeschichte offenbar zweierlei Glauben. Einen Glauben an Jesus zur Heilung, den alle zehn Aussätzigen teilen. Und einen Glauben an Jesus zur Rettung, den nur der Samaritaner hat. Worin liegt der Unterschied? Alle zehn Leprakranken vertrauen darauf, dass Jesus sie in der Kraft Gottes gesund machen kann. Oder Jesus stärkt ihr Vertrauen so sehr, dass sie sich autosuggestiv heilen. Neun der zehn verharren daraufhin in ihrem gewohnten religiösen System. Nur der Samaritaner hat erkannt, dass ihm in Jesus der Messias Gottes begegnet, der nicht nur Aussätzige rein macht, Blinde sehen und Lahme gehen lässt, sondern in dem ein neuer Äon angebrochen ist.

Daraufhin deutet in der Wundergeschichte das Wort «begegnen», das bezüglich der zehn Leprakranken bei ihrer Kontaktaufnahme mit Jesus gebraucht wird. In dem Wort «begegnen» schwingt eine endzeitliche Stimmung mit. Denn im Endzeitgleichnis von den zehn törichten und klugen Jungfrauen heisst es: «Mitten in der Nacht aber erhob sich ein Geschrei: Der Bräutigam ist da! Geht hinaus, ihm zu begegnen.»[20] (Matthäus 25,6) Der Glaube an den kommenden Jesus, an Leben aus den Toten und an unser letztendliches Sein mit Gott ist Glaube, der wirklich rettet und nicht nur heilt.

Genau diesen Glauben hat Jesus beim Samaritaner erkannt. Deshalb sagt Jesus ihm: «Steh auf und geh!» Jesus schickt den Samaritaner auf den Weg, er schickt ihn zu denen, «die des Weges sind», des Glaubensweges, den der Samaritaner jetzt bereit ist zu gehen. «Die des Weges sind», üben ihren Glauben im Gottesdienst immer wieder aufs Neue ein. Und dieser Gottesdienst ist der eigentliche Ort, Gott zu preisen, vor Jesus auf die Füsse zu fallen und ihm zu lobdanken. Der Samaritaner pries den Vater und lobdankte dem Sohn bereits liturgisch, ohne an der Liturgie teilzunehmen. Das soll er nun nachholen und wir alle immer wieder neu mit ihm. Amen.

19 F. Bovon, *Das Evangelium nach Lukas (Lk 15,1–19,27)*, EKK III/3, Düsseldorf u. a. 2001, 154.

20 Im Gegensatz zu dem Verb «begegnen» in Lukas 17,12 ist in Matthäus 25,6 das Substantiv «Begegnung» gebraucht, vgl. auch 1 Thessalonicher 4,17.

DANKEN

danken –
    eine Haltung
    keine Heuchelei
    mehr als Floskeln
danken –
    nicht geizen mit dem Wort
    Anerkennung fällt wie Balsam
    in ein wundes Herz
danken –
    motiviert
    Wertschätzung spüren lassen
    ohne Überschwang

Gott danken –
    ihm die Ehre geben
    Quelle aller guten Gaben
    eine Form des Lobens
Gott danken –
    seiner Liebe vertrauen
    selbst im Dunkel suchen
    nach ihrer lichten Spur
Gott danken –
    weitet den Blick
    öffnet das Herz
    lehrt teilen

August 2009

PHARISÄER UND ZÖLLNER

Lesung: Psalm 51,3–6.11–17
Lesung: 2. Samuel 12,1–10.13–15a
Lesung: Epheser 2,4–10

Lukas 18,9–14

«Er erzählte aber auch einigen, die überzeugt waren, gerecht zu sein, und die anderen verachteten, das folgende Gleichnis: Zwei Menschen gingen hinauf in den Tempel, um zu beten, der eine war ein Pharisäer und der andere ein Zöllner. Der Pharisäer stellte sich hin und betete, in sich gekehrt, so: Gott, ich danke dir, dass ich nicht wie die anderen Menschen bin, wie Räuber, Betrüger, Ehebrecher oder auch wie dieser Zöllner. Ich faste zweimal in der Woche, ich gebe den Zehnten von allem, was ich einnehme. Der Zöllner aber stand ganz abseits und wagte nicht einmal seine Augen zum Himmel zu erheben, sondern schlug sich an die Brust und sagte: Gott, sei mir Sünder gnädig! Ich sage euch: Dieser stieg gerechtfertigt hinab in sein Haus zurück, mehr als jener. Denn wer sich selbst erhöht, wird erniedrigt werden; wer sich aber selbst erniedrigt, wird erhöht werden.»

I

Liebe Gemeinde,

die Pfarrperson, die dieses Gleichnis auslegen will, steht vor einer schweren Aufgabe, denn sie hat anzupredigen gegen eine jahrhundertelange christliche Gewohnheit, dieses Gleichnis zu verstehen. Treffend charakterisierte der Dichter Eugen Roth diese christliche Gewohnheit: «Ein Mensch betrachtete einst näher / Die Fabel von dem Pharisäer / Der Gott gedankt voll Heuchelei / Dafür, daß er kein Zöllner sei. / Gottlob! rief er in eitlem Sinn, / Daß ich kein Pharisäer bin!»[21] Ein hochmütiger Pharisäer steht einem reuigen Sünder gegenüber. Dieses Gleichnis hat mit dazu beigetragen, dass heute die Worte Heuchler und Pharisäer in unserer Gesellschaft austauschbar geworden sind. In manchen Cafés kann man sich einen

Pharisäer bestellen, das ist ein Kaffee, der Rum enthält. Bei diesem Kaffee trügt der Schein, denn er sieht nur aus wie ein gewöhnlicher Kaffee, spiegelt falsche Tatsachen vor.

Es wird Ihnen wahrscheinlich so ergangen sein, dass Sie sich eher in der Person des Zöllners wiederfinden. Und wahrscheinlich empfinden Sie das Verhalten des Pharisäers als eine Warnung, nicht heuchlerisch zu leben. Man glaubt leicht, über dieses Gleichnis schon alles zu wissen, weil es so bekannt ist.

II

Lassen Sie uns deshalb ganz genau auf das hören, was im Text steht. Der Pharisäer spricht leise bei sich selbst ein Dankgebet zu Gott. «Gott, ich danke dir, dass ich nicht wie die anderen Menschen bin, wie Räuber, Betrüger, Ehebrecher oder auch wie dieser Zöllner. Ich faste zweimal in der Woche, ich gebe den Zehnten von allem, was ich einnehme.» Wir sehen, der Pharisäer lebt als sehr frommer Mensch. Er rechnet es sich nicht selbst zu, dass er weder räuberisch, ungerecht, ehebrecherisch oder wie ein Zöllner handelt. Er weiss sich in allen Dingen allein von Gott abhängig, und er hat allen Grund, Gott dankbar zu sein, dass er ein Leben nach den Geboten Gottes führen darf. Er versteht sich wie der Beter des ersten Psalms: «Wohl dem, der nicht dem Rat der Frevler folgt und nicht auf den Weg der Sünder tritt, noch sitzt im Kreis der Spötter, sondern hat Lust an der Weisung des HERRN und sinnt über seiner Weisung Tag und Nacht.»

Hinzu kommt, dass der Pharisäer zweimal in der Woche fastet. Warum nimmt er dies auf sich? Mit seinem freiwilligen Fasten möchte er als gläubiger Jude etwas für seine Mitmenschen tun. Er fastet stellvertretend für diejenigen, die sich nicht an Gottes Weisung halten. Er fühlt sich Gott gegenüber verantwortlich für seine Mitmenschen. Darüber hinaus gibt er den zehnten Teil seines Einkommens ab. Zehn Prozent von allem, was er verdient. Er gibt also mehr als nötig, denn das Buch Levitikus (27,30–33) schreibt nur die Verzehntung von Bodenerzeugnissen und Vieh vor. Mit dieser freiwilligen Gabe trägt er dazu bei, dass den Armen, den Witwen und Waisen sowie den kranken Menschen in seiner Gemeinde geholfen wird.

Hier ist der Pharisäer ein Vorbild. Ich denke an unsere jährlichen Sammlungen für Brot für alle und an unsere Kollekten. Wenn man sich die Projekte ansieht, die Brot für alle fördern möchte, und die Summen, die dazu nötig sind, dann freut man sich über jeden, der so wie der Pharisäer geben kann. Und viele tun dies wie der Pharisäer aus Liebe und Sorge für ihre Mitmenschen, überall auf der Welt. Der Pharisäer hat mich beeindruckt. Er macht Ernst mit seinem Glauben. Er erfüllt Gottes Gebote in einem Ausmass, wie ich es von mir nicht sagen könnte. Ich glaube, Jesus rückt den Pharisäer nicht ins schiefe Licht.

III

Kommt der Pharisäer nun positiv in den Blick, dann erscheint es um so merkwürdiger, dass Jesus den Zöllner als gerechtfertigt betrachtet. Der Zöllner war, wie man so sagen würde, ein übles Subjekt. Obwohl er Jude war, trieb er für die römischen Besatzer die Steuern ein. Er machte sich zum Instrument der Römer, die das Volk bis aufs Blut aussaugten. Zwar gab es festgesetzte Steuern, aber die Zöllner verdienten wenig. Ihnen blieb nur die Möglichkeit, mehr Geld zu nehmen, als festgesetzt war, um davon ihre Existenz zu sichern. Die Römer liessen es zu, denn so waren die Zöllner beim Volk verhasst, eine Rückkehr in die Volksgemeinschaft war nicht mehr möglich. Die Zöllner waren ganz von der Besatzungsmacht abhängig. Zöllner galten in der öffentlichen Meinung als Landesverräter und Räuber. Und Jesus sagt diesem frevelhaften Menschen die Gnade Gottes zu. Aber achtet Jesus damit das Leben des Pharisäers nach Gottes Weisung nicht gering? Warum soll sich ein Mensch überhaupt noch anstrengen, ein Gott wohlgefälliges Leben zu führen? Wird die Gnade Gottes jetzt billig und ist der Pharisäer bloss ein Dummkopf, weil er sich so sehr bemüht?

IV

Wir kommen weiter, wenn wir auf das Gebet des Zöllners achten: «Gott, sei mir Sünder gnädig!» Dieser eine Satz, in dem die ganze Verzweiflung des Zöllners zum Ausdruck kommt, stammt, aus

Psalm 51, dem Busspsalm Davids, den er wegen Batseba und Uria gebetet hatte. Auch wir bekannten mit den Worten dieses Psalms zu Beginn des Gottesdienstes unsere Schuld vor Gott. David betete diesen Psalm, nachdem der Prophet Natan ihn aufgesucht hatte, um ihn anzuklagen.

Pharisäer und Zöllner sind vergleichbar mit dem Propheten Natan und dem König David. Denn David betet in seinem Busspsalm selbst, er sei zerbrochenen Geistes und zerschlagenen Herzens. Der Zöllner kennt diesen Psalm, denn er benutzt Worte daraus für sein Gebet. Er sieht sich selbst ebenfalls zerbrochenen Geistes und zerschlagenen Herzens. Wir hörten in der Lesung, dass David Gnade widerfährt. Gottes Gnade gegenüber David wird aber erst verständlich auf dem Hintergrund der Rede Natans. Natan ist die kritische Stimme des Gesetzes und der Propheten. Erst angesichts der Worte Natans kommt David zur Einsicht und bekennt sich schuldig. Ähnlich verhält es sich mit dem Zöllner. Neben dem Pharisäer und seiner imponierenden Gerechtigkeit wird der Zöllner erst zerbrochenen Geistes und zerschlagenen Herzens. Er bleibt in der Ferne stehen und wagt nicht einmal mehr, zum Himmel zu schauen. Er kann sich nur noch an die Brust schlagen, ein Zeichen tiefster Verzweiflung. An dem Leben des Pharisäers, der nach Gottes Weisung lebt, wird ihm blitzartig klar, was für ein Lump er ist.

Jesus spricht diesem Zöllner die Rechtfertigung zu, d. h. er spricht ihm zu, dass Gott ihn neu ins rechte Verhältnis zu sich selbst rückt. Oder anders gesagt, Gott ist ihm gnädig. Diese Gnade wird ihm aber nur angesichts des Pharisäers zuteil. Wie David seine Situation nicht ohne Natan erkennt, so erkennt der Zöllner seine Situation nicht ohne den Pharisäer. Der Pharisäer ist also notwendig, damit der Zöllner gerechtfertigt werden kann, er ist nicht bloss ein Statist im Gleichnis.

V

Jesus spricht am Ende des Gleichnisses von der Erhöhung und der Erniedrigung des Pharisäers. Wir brauchen uns nicht daran zu stören, dass es wörtlich heisst: «Denn wer sich selbst erhöht, wird erniedrigt werden». Dies bezieht sich auf diejenigen, denen Jesus das Gleichnis erzählt (V. 9). Sie haben sich selbst erhöht, vom Pharisäer wird nichts dergleichen gesagt. Trotzdem wird er ein Stück weit erniedrigt und der Zöllner erhöht. Wird der Pharisäer jetzt doch zur überflüssigen Figur? Geht es jetzt doch um das Evangelium von Gottes Gnade, in dem für Gottes Gebot kein Platz ist?

Ob dies geschieht, hängt vom Verständnis des Verses 14 unseres Textes ab. Jesus sagt, der Zöllner stieg gerechtfertigt hinab in sein Haus, mehr als der Pharisäer. Viele Übersetzungen sagen hier, der Zöllner stieg hinab in sein Haus im Gegensatz zum Pharisäer. Dies ist genau der springende Punkt. Geht der Zöllner mehr gerechtfertigt, oder geht er als Einziger gerechtfertigt nach Hause? Betrachtet Gott den Pharisäer auch als gerecht, oder ist er der neue Zöllner? Wäre nur der Zöllner gerechtfertigt und der Pharisäer nicht, gäbe es ja durch Gottes Gnade am Zöllner einen neuen Sünder, nämlich den Pharisäer. Diese Möglichkeit scheidet also aus.

Es ist vielmehr so, dass der Zöllner mehr gerechtfertigt nach Hause geht als der ebenfalls gerechte Pharisäer, darin besteht seine Erhöhung. Das ist ganz natürlich, denn er trägt auch grössere Schuld. Die Erniedrigung des Pharisäers besteht darin, dass Jesus seine Gerechtigkeit ins rechte Licht rückt. Sie bleibt, was sie ist, ein gutes Leben nach den Geboten, aber sie steht nicht hoch über der des Zöllners.

VI

Ich sprach bisher ausschliesslich vom guten Leben des Pharisäers nach Gottes Weisung. Er ist jedoch keineswegs vollkommen, er nahm den Zöllner zwar wahr, aber er hat ihn nicht wirklich gesehen. Er war zu sehr mit sich selbst und seinem guten Leben beschäftigt. Auf unseren Pharisäer trifft eine Diskussion aus dem Talmud zu. Die Rabbiner fragen sich, was ein bestimmter Halbvers aus dem Buch Jesaja bedeutet. Er lautet: «der Gerechte, der gut ist» (3,10). Die Diskussion läuft so: «Gibt es denn einen Gerechten, der gut ist, und einen, der nicht gut ist? Ja, das gibt es. Des einen Frömmigkeit richtet sich auf Gott, ständig betet und dankt er, aber er kümmert sich nicht um die Menschen. Der andere tut beides.»[22]

Das genau fehlt auch dem Pharisäer aus dem Gleichnis. Er ist ein frommer Jude, doch als er mit dem Zöllner den Tempel aufsucht, kümmert er sich nicht um diesen sündigen Menschen. Der Pharisäer wurde also am Zöllner schuldig, aber wir dürfen jetzt nicht das Kind mit dem Bade ausschütten. Die Ausnahme bestätigt die Regel, der Pharisäer bleibt trotzdem ein frommer Mann und kann nicht pauschal als Heuchler verdammt werden. Er wird durch sein Fehlverhalten am Zöllner in Frage gestellt, viel mehr wird aber der Zöllner durch den Pharisäer zur fragwürdigen Figur.

Aber Gott hat keinen Gefallen am Tod oder an der Verzweiflung des Frevlers, wie der Prophet Ezechiel sagt: «Ich habe kein Gefallen am Tod dessen, der sterben muss! Spruch Gottes des HERRN. Kehrt um und bleibt am Leben!» (18,32) Oder wie Jesus nach Lukas sagt: «So wird man sich auch im Himmel mehr freuen über *einen* Sünder, der umkehrt, als über neunundneunzig Gerechte, die keiner Umkehr bedürfen.» (15,7) Gott freut sich über den Zöllner, der seine Schuld vor ihm bekennt, er sieht ihn daraufhin als einen Gerechten an. Aber die Umkehr zu Gott kann keine Gesinnungsumkehr bleiben, sondern sie wird eine Umkehr zu Gottes Gebot sein müssen.

Der Sinn der Rechtfertigung des Zöllners kann ja nicht sein, dass er nun weiter seinem korrupten Treiben nachgeht. In einem solchen Fall wäre die Gnade Gottes zur billigen Schleuderware geworden. Die Reformatoren und vor allem Calvin haben in diesem Zusammenhang die Heiligung als ein Leben nach den Geboten Gottes betont. Die gute Weisung Gottes wirft ein entlarvendes Licht auf unser Leben. Wir werden als Sünder erkennbar, aber dabei bleibt es nicht. Vielmehr erlangen wir durch Jesus Befreiung zu einem Leben in der Nachfolge. Dieses Leben in der Nachfolge ist zugleich ein Leben nach der guten Weisung Gottes, ein Leben in Heiligung.

Pharisäer und Zöllner sind aus unterschiedlichen Perspektiven keine Idealfiguren. Entgegen der üblichen Auslegung des Gleichnisses finde ich es wichtig, den Pharisäer so zu sehen, wie er ist, als einen Menschen, der Freude hat an den Geboten Gottes und versucht, danach zu leben. Wer ihm Heuchelei vorwirft, tut gut daran zu fragen, inwieweit er selbst wirklich Jesus nachfolgt und ein Leben in Heiligung führt. Amen.

21 Eugen Roth, *Mensch und Unmensch. Heitere Verse*, München 1950², 77.

22 *bQiddushin* 40a, frei übersetzt.

SÜNDE?

«Gott, sei mir Sünder gnädig!»   Lukas 18,13

Sünder – Sünde
Unwörter aus der Mottenkiste
nein danke

das ginge ja noch an
etwas salopp prickelnd frivol
mit einem Augenzwinkern

nicht doch im Ernst
Fehler machen alle
die andern sind nicht besser

Missverständnis programmiert
es geht um mehr als um Moral
und ein paar Pralinen

die Wörter stehen
für zerbrochene Beziehung
Gott und Mensch entzweit

für den dunklen Strudel
der in die Tiefe zieht
Feind des Lebens und der Liebe

doch bis zuunterst in die Trümmer
gescheiterter Existenz
reicht Gottes Arm

seine Finger tasten suchend
nach Menschen ohne Ausweg
führen aus dem Trümmerfeld

wer Gottes Hand ergreift
geht aufrecht neue Wege
belebt befreit

August 2009

EMMAUS

Lesung: Exodus 3,13–15

Lukas 24,13–35

13 *«Und siehe,*
   am selben Tag waren zwei von ihnen   *aus Jerusalem* **A**
   unterwegs zu einem Dorf namens Emmaus,
   das sechzig Stadien von Jerusalem entfernt ist.
14 *Und sie redeten miteinander über all das,*   *Entmutigung* **B**
   was vorgefallen war.
15 *Als sie miteinander redeten und sich stritten,*
   da näherte sich Jesus und ging mit ihnen.   *Jesus kommt* **C**
16 *Ihre Augen aber wurden mit Kraft davon*
   abgehalten, ihn zu erkennen.   *Augen zu* **D**
17 *Er sprach zu ihnen:*
   Was sind das für Worte,
   die ihr da unterwegs miteinander wechselt?
   Da blieben sie mit finsterer Miene stehen.
18 *Der eine aber, mit Namen Kleopas, antwortete ihm:*
   Bist du der Einzige,
   der sich in Jerusalem aufhält und nicht erfahren hat,   **T**
   was sich in diesen Tagen da ereignet hat?
19 *Er sagte zu ihnen:*
   Was?
   Sie antworteten ihm: **R**
   Das mit Jesus von Nazaret,
   der ein Prophet war,
   mächtig in Tat und Wort vor Gott und dem ganzen Volk,
20 *und wie unsere Hohenpriester und Oberen ihn ausgeliefert haben,* **A**
   damit er zum Tod verurteilt würde,
   und wie sie ihn gekreuzigt haben.
21 *Wir aber hofften, er sei es, der Israel befreien werde.*
   Aber bei dem allen ist es schon der dritte Tag,   **U**

seit dies geschehen ist.

22 *Aber auch einige Frauen aus unserer Mitte*
   haben uns in Schrecken versetzt.
   Nachdem sie früh am Morgen an der Gruft gewesen waren, **E**

23 *und seinen Leib nicht gefunden hatten,*
   kamen sie und sagten,
   sie hätten sogar eine Erscheinung von Engeln gehabt,
   die sagten, er lebe. **R**

24 *Da gingen einige der Unsrigen zur Gruft und fanden es so,*
   wie die Frauen gesagt hatten.
   Ihn selbst aber haben sie nicht gesehen.

25 *Er sprach zu ihnen:*
   Ihr Unverständigen und im Herzen Trägen!
   Dass ihr nicht glaubt nach allem, **G**
   was die Propheten gesagt haben! **E**

26 *Musste der Christus nicht solches erleiden,* **M**
   und so in seinen Lichtglanz eingehen? **E**

27 *Und er fing an bei Mose und allen Propheten und erklärte ihnen,* **I**
   was in allen Schriften über ihn steht. **N**

28 *Und sie näherten sich dem Dorf,* **S**
   wohin sie unterwegs waren, **C**
   und er tat so, als wollte er weitergehen. **H**

29 *Und sie drängten ihn und sprachen:* **A**
   Bleibe bei uns, denn es will Abend werden, **F**
   und der Tag hat sich schon geneigt. **T**
   Und er ging hinein und blieb bei ihnen.

30 *Und es geschah, als er sich mit ihnen zu Tisch gelegt hatte,*
   da nahm er das Brot, sprach den Segen,
   brach es und gab es ihnen.

31 *Da wurden ihre Augen aufgetan,*   *Augen auf* **D'**
   und sie erkannten ihn.
   Er aber verschwand vor ihnen.   *Jesus geht* **C'**

32 *Und sie sagten zueinander:*
   Brannte nicht unser Herz in uns,
   als er auf dem Weg mit uns redete,   *Ermutigung* **B'**

als er uns die Schriften öffnete?
33 In dieser Stunde standen sie auf
und kehrten nach Jerusalem zurück.   *nach Jerusalem* **A'**
Dort fanden sie die Elf und die zu ihnen gehörten versammelt.
34 Diese erzählten:
Wirklich, der Herr ist auferweckt worden
und dem Simon erschienen.
35 Und auch sie erzählten, was auf dem Weg geschehen war,
und wie er von ihnen am Brechen des Brotes erkannt worden war.»

I

«Und siehe, am selben Tag waren zwei von ihnen unterwegs zu einem Dorf namens Emmaus, das sechzig Stadien von Jerusalem entfernt ist. Und sie redeten miteinander über all das, was vorgefallen war. Als sie miteinander redeten und sich stritten, da näherte sich Jesus und ging mit ihnen. Ihre Augen aber wurden mit Kraft davon abgehalten, ihn zu erkennen.»

Liebe Gemeinde, wie im Traum gesellt sich der auferweckte Jesus zu den beiden Männern auf dem Weg nach Emmaus. Wie im Traum, denn ihre Augen werden auf merkwürdige Weise gehalten. Die Männer nehmen die Wirklichkeit plötzlich traumhaft, wie im Nebel, wahr. Vielleicht kann ich sagen: Sie sehen eine andere, neue Wirklichkeit, eine Wirklichkeit hinter der Wirklichkeit. Aber noch ist ihnen das nicht bewusst.

«Er sprach zu ihnen: Was sind das für Worte, die ihr da unterwegs miteinander wechselt? Da blieben sie mit finsterer Miene stehen.» Andere Übersetzungen sprechen davon, sie seien niedergeschlagen oder bekümmert. Die Männer sind jedenfalls traurig. Sie sind traurig, weil Jesus in Jerusalem gekreuzigt wurde. Sie verstehen das nicht. Wie konnte Jesus nur so scheitern? War Jesus nicht ein mächtiger Prophet in Wort und Tat, hatte er nicht die Hoffnung geweckt, Israel von der römischen Fremdherrschaft zu befreien? Hatte er nicht überzeugend verkündigt, bald geschehe Gottes Wille, und folglich sei es bald aus mit den Römern? Und dann die merkwürdige Geschichte mit dem leeren Grab und den Erscheinungen von Engeln. Was sollte das jetzt alles noch?

Geht es uns als christlicher Gemeinde im 21. Jahrhundert nicht ein wenig ähnlich, wie den beiden Männer auf dem Weg? Kam uns Jesus in der Moderne nicht auch irgendwie abhanden? Ein von den Römern vor zweitausend Jahren gekreuzigter Jude in Jerusalem, wie soll der unser Trost sein? Und ist unsere Hoffnung auf Frieden, Barmherzigkeit und Solidarität, darauf, dass Gottes Wille geschehe, seine gerechte Welt komme, nicht irgendwie erlahmt? Ja vielleicht, wenn auch wir wie der ungläubige Thomas damals unsere Finger in die Wunden des auferweckten Jesus legen könnten, wenn wir etwas zum Anfassen hätten, wenn auch uns Engel erscheinen würden ja, dann könnten wir glauben und hoffen, das Gottes Wille bald geschieht.

Aber nein, liebe Gemeinde, das würde uns gar nichts nützen, wenn uns zum Beispiel Engel erschienen. Und fänden Archäologen heute plötzlich das leere Grab Jesu, würde uns das keinen Schritt weiterbringen. Die beiden Männer auf dem Weg nach Emmaus machen das ganz klar. Sie waren Augenzeugen der Ereignisse um Jesu Kreuzigung, sie sprachen mit den Zeuginnen und Zeugen des leeren Grabes und sie hörten von den Engeln. Aber verstanden haben sie trotzdem nichts und ihren Glauben hat das alles nicht begründet. Sie bleiben traurig und niedergeschlagen stehen, als Jesus sie auf dem Weg anspricht.

II

Kleopas, der eine der beiden Männer, antwortet Jesus mit einer Frage. «Bist du der Einzige, der sich in Jerusalem aufhält und nicht erfahren hat, was sich in diesen Tagen da ereignet hat?» Jesus fragt mit einem Wort zurück: «Was?» Und nun sprudelt es aus den beiden Männern heraus. Wovon das Herz voll ist, davon geht der Mund über. In sechs teils langen Sätzen reden sie sich ihren ganzen Frust von der Seele. Berichten von allen Einzelheiten in der Stadt Jerusalem und am Grab. Als sie endlich fertig sind, spricht wieder Jesus: «Ihr Unverständigen und im Herzen Trägen! Dass ihr nicht glaubt nach allem, was die Propheten gesagt haben! Musste der Christus nicht solches erleiden, und so in seinen Lichtglanz eingehen? Und er fing an bei Mose und allen Propheten und erklärte ihnen, was in allen Schriften über ihn steht.»

Die Augenzeugenschaft hat den Männern nichts genützt. Was in Jerusalem geschehen ist, muss ihnen erklärt werden. Tod und Auferweckung Jesu machen ein neues Verständnis der Hebräischen Bibel, unseres Alten Testaments, nötig. Jesus zeigt, dass bereits im Alten Testament erkennbar ist, dass Gott sich der Schwachen und Leidenden annimmt. Deshalb musste der Christus, der Erwählte Gottes, der, an dem sich Gott erkennen lässt, ein Leidender sein. Und nur als Leidender konnte er bestätigt, d. h. auferweckt werden, und in seinen Lichtglanz eingehen.

Liebe Gemeinde, im Vergleich mit anderen Religionen ist das für mich immer noch das Einzigartige am christlichen Glauben. Dass ein Leidender im Zentrum steht. Dass Gott sich in diesem Leidenden zeigt. Dass der Gott, den die Bibel verkündigt, kein lauter und mächtiger Gott ist, sondern ein leiser und schwacher. Aber stark gerade in der Schwäche, denn Jesus als *Gekreuzigter* überwindet den Tod, geht in seinen Lichtglanz ein.

III

Nachdem Jesus den Männern die Schrift erklärt hat, gehen sie zu dritt weiter Richtung Emmaus. «Und sie näherten sich dem Dorf, wohin sie unterwegs waren, und er tat so, als wollte er weitergehen. Und sie drängten ihn und sprachen: «Bleibe bei uns, denn es will Abend werden, und der Tag hat sich schon geneigt.» Die Männer wissen noch immer nicht, dass es Jesus ist, der mit ihnen geht. An der Schriftauslegung allein erkennen sie ihn noch nicht. Sie haben aber eine Ahnung, wollen dass diese fremde Person bei ihnen bleibt. «Und er ging hinein und blieb bei ihnen.»

Und nun passiert das, woran sie Jesus endlich doch erkennen. «Und es geschah, als er sich mit ihnen zu Tisch gelegt hatte, da nahm er das Brot, sprach den Segen, brach es und gab es ihnen. Da wurden ihre Augen aufgetan, und sie erkannten ihn.» Jesus feiert mit den Männern das Abendmahl, der Nebel lichtet sich, das Traumhafte, in das sie geraten waren, verschwindet, und sie sehen die neue Wirklichkeit klar: Jesus ist, obwohl gestorben, präsent. Präsent, jedoch nicht als eine völlig reale Person. Denn kurz darauf entschwindet Jesus vor ihnen. Er ist auf eine neue Art und Weise präsent, sagen wir, als spirituelle Person. Oder sagen wir, in der Kraft des Heiligen Geistes. Seine neue Präsenz entzieht sich letztlich unserer Beschreibung, ist mit unserer Vernunft nicht in den Griff zu bekommen.

IV

Als Jesus entschwunden ist, sprechen die beiden Männer zueinander: «Brannte nicht unser Herz in uns, als er auf dem Weg mit uns redete, als er uns die Schriften öffnete?» Ein Detail dieses Verses möchte ich nun noch hervorheben. Jesus hat den Männern die Schriften auf dem Weg erklärt. Zunächst ist damit der Weg nach Emmaus gemeint. Aber die Formulierung «auf dem Weg» hat symbolische Bedeutung darüber hinaus. In der Apostelgeschichte bezeichnet der Evangelist Lukas die junge christliche Gemeinde in Damaskus mit einem merkwürdigen Namen. Er nennt sie «die des Weges sind» (Apostelgeschichte 9,2). Auf dem Weg sein ist folglich das Merkmal der Christen. Aber es ist ein bestimmter Weg. Es ist ein Weg, auf dem Jesus mitgeht – bis heute. «Als sie miteinander redeten und sich stritten, da näherte sich Jesus und ging mit ihnen.»

Wie geht Jesus heute mit? In zweifacher Weise, ähnlich wie damals auf dem Weg nach Emmaus, wie auf einer Wanderung, auf der man Wegweisung und Verpflegung braucht. Zum einen öffnet Jesus uns die Bibel mittels der Kraft des Heiligen Geistes. Er lässt uns verstehen, was über ihn geschrieben steht, ermutigt und bewegt uns, ruft uns in seine Nachfolge und weckt unsere Hoffnung auf das Kommen der gerechten Welt Gottes neu. Das ist die Wegweisung. Sie geschieht vor allem im Gottesdienst, aber auch dort, wo Einzelne oder Gruppen die Bibel lesen.

Zum anderen stärkt uns Jesus im Abendmahl mit Brot und Wein. Das ist sozusagen die Verpflegung. In der Kraft des Heiligen Geistes ist er wie im Wunder präsent, lässt uns an sich teilhaben. Darauf dürfen wir vertrauen, auch heute, wenn wir das Abendmahl zusammen feiern. Amen.

LEBENDIGES WASSER

«Wer aber von dem Wasser trinkt, das ich ihm geben werde, der wird in Ewigkeit nicht mehr Durst haben, nein, das Wasser, das ich ihm geben werde, wird in ihm zu einer Quelle werden, deren Wasser ins ewige Leben sprudelt.»

Johannes 4,14

gierig graben Hände
im rissigen Erdreich
ob vielleicht der Boden
ausgedörrt und hart wie Stein
nicht hergibt
wonach ich durstig lechze
den farbig schillernden Trunk
eines ungetrübten Glücks
süss und verlockend
Hast treibt meine Suche an
niemand soll mir zuvorkommen
besitzen
was ich selbst mir sichern will
tiefer und tiefer
wühlen blutige Finger
geschunden am harten Gestein
vergebliche Mühe
keine Quelle gibt preis
was stillen soll
all meine Begierden

Jesus
du versprichst nur Wasser
nicht bunten süssen Zaubertrank
der Wünsche auf Befehl erfüllt
lebendiges Wasser
aus einer Quelle
die nie versiegt
frisches klares Wasser
das Leben spendet
und für alle reicht
lass mich nicht verachten diese Gabe
führ mich hin zu deiner Fülle
ewiger Gott
stille meinen Durst
den du nur stillen kannst
und die Verheissung werde wahr
dass ich selbst als Quelle sprudle
und Durstigen dein Wasser reiche
als unendlich kostbares Geschenk
aus deiner Hand

Juli 2007